Weitere Titel siehe letzte Seite.

Ein WAS IST WAS Buch

Bäume

Von Dr. Hannelore Kurth-Gilsenbach

Illustriert von Christiane und Siegfried Gottschlich

Laubwald im Herbst.

Tessloff Verlag

Vorwort

Lange bevor Menschen auf der Erde lebten, wuchsen bereits Bäume. Dichte Urwälder grünten, sie gaben vielen Tieren Nahrung und Schutz.

Erst der wirtschaftende Mensch rückte Bäumen und Wäldern zu Leibe. So veränderte er das Gesicht unseres Planeten – mit Feuer, Axt und Säge. Aus vielen Wäldern machte er Ackerland. Bäume nutzte er als eine Rohstoffquelle.

Dieses WAS IST WAS-Buch bringt seinen Lesern das Leben der Bäume nahe: wie sie wachsen, sich vermehren und alt werden – manche über tausend Jahre.

Von versunkenen Wäldern, die wir heute ans Licht bringen, ist die Rede, von goldenen »Glassärgen« urweltlicher Insekten und von geplünderten Wäldern, die zu Wüsten wurden. Es geht um die Erfindung des Papiers, um Meiler und Myrrhe, Lachten und Latex. Von Bäumen, deren Säfte heilen oder vergiften, ist zu lesen, von saftigen Zitrusfrüchten und von Nüssen und Schoten, die eigentlich Beeren sind.

Zur größten Vielfalt haben sich die Bäume des tropischen Regenwaldes entwickelt. Dieser Lebensraum mit seiner übergroßen Fülle an Arten muß besonders behütet werden. Er ist auch das Lebensgebiet der letzten Völker des Urwaldes.

Doch auch das Grün der Städte verdient unsere Fürsorge. Welche Bäume gedeihen überhaupt zwischen Asphalt und Autoabgasen? Und wie pflanzt man einen Baumsetzling richtig? Auch darauf gibt dieses Buch eine Antwort.

Heute gefährden die Menschen Bäume und Wälder auf vielfache Weise – gewollt oder ungewollt. Die verschmutzte Luft der Industriestaaten läßt die Wälder dahinsiechen. Das Verlangen der Reichen nach edlen Hölzern und die Not der landlosen Bauern vernichten die Dschungelparadiese der Tropen.

Bäume sind kostbarer als der Marktwert ihres Holzes. Wälder schaffen saubere Luft und trinkbares Wasser. Hoffen wir, daß sie bleiben und wir auch künftig in ihnen den Reichtum der Natur erleben können.

WAS IST WAS, Band 31

Dieses Buch ist auf chlorfrei gebleichtem Papier gedruckt.

Bildquellennachweis:
Fotos: Archiv für Kunst und Geschichte, Berlin: S. 14 ul, um, S. 15 um; Bavaria Bildagentur GmbH, Gauting/Kappelmeyer: S. 27, Bavaria/Lange: S. 41 u; Bildarchiv Preußischer Kulturbesitz, Berlin: S. 14 ur; Bilderberg, Hamburg/H. J. Burkard: S. 28 ul; dpa, Frankfurt a. M./Baum: S. 28 ur, dpa/Patzelt: S. 31, dpa/Scholz: S. 36; Gardener's Magazine, TU Berlin/Universitätsbibliothek: S. 15 ur; Greenpeace, Hamburg: S. 44 u; Dr. Jochen Helms, Berlin: S. 5 ol, or, S. 7; Dr. Hannelore Kurth-Gilsenbach, Eberswalde: S. 26; Harald Lange, Leipzig: S. 10, S. 13, S. 19 o, S. 21 o, S. 24, S. 25, S. 29, S. 30, S. 35 o, u, S. 37, S. 39, S. 41 o, S. 43, S. 44 o, S. 45 ol, or, S. 47 o, ul, ur; National Portrait Gallery, London: S. 15 ul; Okapia Naturbild AG, Frankfurt a. M./Büttner: S. 1, Okapia/H. P. Merten: S. 9, Okapia/Jeff Foott: S. 12, Okapia/G. Synatzschke: S. 19 u, Okapia/H. Reinhard: S. 21 u; Silvestris Fotoservice, Kastl/Anke Radtke: S. 46; WWF-Bildarchiv, Hamburg/A. Bärtschl: S. 22; Xeniel-Dia, Stuttgart/Müller: S. 45 u; Einbandfotos/von oben nach unten: WWF-Bildarchiv, Hamburg/D. Usher; Silvestris Fotoservice, Kastl/Anke Radtke; Xeniel-Dia, Stuttgart/Müller;
Illustrationen/Innenteil und Einband: Christiane Gottschlich, Berlin; Paul Hey „Grimms Märchen", m. frdl. Gen. des K. Thienemanns Verlages, Stuttgart-Wien: S. 48.

ISBN 3-7886-0271-6

Inhalt

Bäume besiedeln die Erde

Was sind Bäume?

Bäume gehören zu unserem Alltag; fast sind sie eine Selbstverständlichkeit. Mit ihrem frischen Grün verschönern sie Dörfer und Städte, sie schmücken Äcker und Fluren, säumen Flußufer und Seen, bilden dichte Wälder. Viele Tiere und Pflanzen sind auf Bäume angewiesen, und auch der Mensch könnte ohne sie nicht sein.

Bäume gibt es seit etwa 390 Millionen Jahren: Sie sind die größten Pflanzen, die sich auf der Erde entwickelt haben.

Allen Bäumen ist gemeinsam, daß ihr Gewebe den Holzstoff *Lignin* enthält. Ihr Hauptsproß entwickelt sich meistens zu einem festen Einzelstamm, der sich oben zur Krone verzweigt.

Die Baumkronen sehen unterschiedlich aus. Unsere einheimischen Bäume haben Wipfel – Äste, die viele kleine Zweige und Blätter tragen. Baumfarne und Palmen, die in tropischer Wärme gedeihen, sind dagegen mit einem Schopf aus großen Einzelblättern gekrönt.

Der Stamm der Bäume zeigt manche Absonderlichkeit, so bei den baumwürgenden Feigen der Gattung *Ficus.* Sie sind mit dem Gummibaum verwandt. Die Funktion des Einzelstammes übernehmen hier viele Stützwurzeln. Sie senken sich aus dicken Seitensprossen zur Erde.

Die meisten Bäume wachsen höher als 3 Meter, einige Arten erreichen sogar über 100 Meter! Doch in der arktischen Kälte behaupten sich auch einige zwerghafte Bäume, wie die Kraut-Weide. Sie wird nur wenige Zentimeter groß.

Außer Bäumen bilden auch Sträucher und Klettergehölze den Holzstoff Lignin als Festigungsgewebe aus. Doch nur die Bäume haben einen selbsttragenden Stamm. Sträucher verzweigen sich dicht über dem Boden, und die Klettergehölze wachsen an einer Unterlage hoch.

Die versteinerte Rinde des Schuppenbaumes (links) zeigt ein netzartiges Muster. Es sind die Ansatzstellen von Blättern. Rechts ist der Abdruck eines Farnwedels zu sehen. Auch dieser Samenfarn wuchs im Karbon.

Welche Pflanzen bildeten die ersten Wälder?

Die Entwicklung des Lebens auf der Erde vollzog sich in solch unermeßlich langen Zeiträumen, wie wir sie uns kaum vorstellen können. Die Wissenschaftler unterscheiden vier Erdzeitalter, in denen sich Pflanzen und Tiere zu immer größerer Artenfülle entfalteten.

Nach ihrer Einteilung begann die Erdfrühzeit,das *Archäozoikum,* vor rund 3 500 Millionen Jahren; das Erdaltertum *(Paläozoikum)* vor 570, das Erdmittelalter *(Mesozoikum)* vor 230 und die Erdneuzeit *(Neozoikum)* vor 65 Millionen Jahren.

Vor etwa 420 Millionen Jahren, also schon im Erdaltertum, besiedelten einfach gebaute, blattlose Urfarne das Festland. Sie bedeckten die Ufer seichter Gewässer mit ihrem grünen Kleid.

Ihnen folgten – Millionen Jahre später – Bärlappe, Echte Farne und Schachtelhalme. Diese Gewächse erlangten im Zeitraum des *Karbons* ihre größte Artenfülle. Sie entwickelten sich zu großen Bäumen und bildeten dichte, feuchtwarme Sumpfwälder.

»Carbo« ist das lateinische Wort für Kohle. Die Epoche der großen Sumpfwälder wurde nach ihm benannt, denn die Steinkohlenvorräte Europas und Nordamerikas sind aus den Bäumen dieser Wälder hervorgegangen. Das Karbon ist ein Abschnitt des Erdaltertums. Es liegt rund 350 Millionen Jahre zurück.

Die urtümlichen Waldbäume dieser Zeit haben viele Abdrücke von Blättern und Rinden als Versteinerungen hinterlassen. Selbst ganze Stämme sind als steinerne *Fossilien* erhalten geblieben. Mit ihrer Hilfe können die *Paläontologen* – die Erforscher des Lebens in der Urzeit – die Baumgestalten des Steinkohlenwaldes recht gut nachbilden.

Es müssen üppige Wälder gewesen sein! Stattliche Bärlappgewächse – die Siegelbäume und die Schuppenbäume – reckten ihre dicken Stämme über 30 Meter empor. Zwischen ihnen grünten Schachtelhalmbäume und schlanke Baumfarne mit ihren weit ausladenden Blattwedeln.

Die meisten dieser immergrünen Sumpfbäume sind später, als das Klima trockener wurde, durch besser angepaßte Baumarten verdrängt worden und schließlich ausgestorben. Doch die Baumfarne haben bis heute überlebt. Sie gedeihen in tropischer Wärme und Feuchtigkeit. Besonders zahlreich kommen sie in der Inselwelt Südostasiens vor.

Wie wurden Bäume zu Kohle?

Die Verwandlung abgestorbener Pflanzen in Kohle, auch *Inkohlung* genannt, war ein langwieriger chemischer Vorgang. Er begann mit der Bildung von Torf: Die toten oder vom Sturm entwurzelten Bäume der urzeitlichen Wälder stürzten in den Sumpf und verrotteten zu schwarzem Schlamm.

In anschließenden erdgeschichtlichen Zeiten versanken diese mächtigen Torflager. Meere überfluteten sie, Gesteinsschutt und Sand deckten sie zu, die Bewegungen der ruhelosen Erdkruste preßten sie in die Tiefe. Hier, unter Luftabschluß, hohem Druck und hoher Temperatur, entstanden die Kohlenflöze.

Je nach Druck und Hitze am Ort der Kohlebildung wurde der Torf zu Braunkohle, Steinkohle oder dem begehrten Anthrazit verdichtet, dessen Heizwert noch über dem der normalen Steinkohle liegt.

Das Karbon, die Zeit der Steinkohlenwälder, endete vor 280 Millionen Jahren. Die Wälder, aus denen Braunkohlenlager hervorgingen, wuchsen später – in der Erdneuzeit. Sie hatten ein völlig anderes

Die Sumpfwälder der Steinkohlenzeit wurden vorwiegend von Sporenpflanzen gebildet – von riesenhaften Farnen, Schachtelhalmen und Bärlappen. Insekten, Spinnen und andere Kleintiere belebten die Sumpflandschaft. Lurche und erste Kriechtiere machten Jagd auf sie.

Gesicht: Mammutbäume und Sumpfzypressen bestimmten das Bild. Im Dickicht der Sümpfe gediehen aber auch Palmen, Feigen, Lorbeer- und Oleanderbäume.
Mit jeder Tonne Kohle, die wir heute in Öfen, Heizkraftwerken und Industrieanlagen verfeuern, setzen wir die in Jahrmillionen eingefangene Kraft der Sonne wieder frei.
Die Steinkohlenlager im ukrainischen Donezbecken sind über 9 Kilometer dick. Fachleute haben errechnet, daß 1 Meter Steinkohlenflöz zu seiner Entstehung 5 000 bis 10 000 Jahre benötigte!
Kohle ist eine Energiequelle, die sich nicht erneuert. Die Weltvorräte mögen vielleicht noch 100 Jahre ausreichen. Da die Kohle in Urzeiten entstand, bezeichnet man sie als *fossilen Energieträger.*

Woraus entstand der Bernstein?

Schon die Menschen der Steinzeit schätzten das durchsichtige Gold – den Bernstein. Künstler verarbeiteten ihn zu Kultfiguren und zu Schmuck. Bernstein ist ein urzeitliches Harz. Es stammt von Kiefern, die vor etwa 40 Millionen Jahren an der Küste der Ostsee wuchsen.
Das am Stamm herabfließende Harz schloß Insekten, Spinnen und Pflanzenteile ein. So blieben sie der Nachwelt wie in einem gläsernen Sarg erhalten.

Ein Dichter des 16. Jahrhunderts hat den Ginkgo seiner Blätter wegen »Entenfußbaum« genannt.

Gibt es lebende Fossilien?

Einige Baumarten, die ihre Spuren schon als Fossilien hinterließen, gibt es noch heute. Zu ihnen gehört auch der Ginkgo – ein urtümliches Nadelgewächs.
Gemeinsam mit anderen Samenpflanzen verdrängten Ginkgos am Ende der Steinkohlenzeit die Sporenpflanzen, und im Erdmittelalter bildeten sie dichte Wälder.
Der Ginkgo hat das Auseinanderdriften der Erdteile und Eiszeiten überlebt. Schließlich zog er sich in die Gebirgswelt Chinas zurück. Inzwischen ist der widerstandsfähige Baum auf allen Erdteilen verbreitet, vor allem als Park- und Alleebaum.

Im Bernstein der Ostsee fanden sich diese »tanzenden« Fliegen und ungezählte andere Insekten.

Wie ein Baum lebt

dreieckig
Birke

Wozu sind die Blätter da?

Wie alle Lebewesen besteht auch der Baum aus einzelnen Körperteilen. Es sind seine Blätter, die Zweige und Äste, der Stamm und die Wurzeln. Jedes dieser Organe erfüllt besondere Aufgaben.
In den Blättern läuft die *Photosynthese* ab. Der Name leitet sich von den griechischen Wörtern »photos« (Licht) und »synthesis« (Zusammensetzung) ab.
Dank ihrer grünen Farbstoffe, dem *Chlorophyll,* sind die Blätter in der Lage, aus dem Kohlendioxid der Luft und dem Wasser des Bodens Nährstoffe aufzubauen. Als Energiequelle nutzen sie dabei das Licht der Sonne. Das Chlorophyll ist in den Farbstoffträgern der Zellen eingelagert. Dort findet die Photosynthese statt.
Durch Spaltöffnungen auf der Blattunterseite gelangt Luft in das Innere der Blätter. Sie durchströmt die Hohlräume zwischen den Zellen. Das Chlorophyll – durch die Kraft der Sonne dazu angeregt – entzieht der Luft das Kohlendioxid. Dann setzt ein komplizierter chemischer Prozeß ein: Das Kohlendioxid reagiert mit dem Wasser, das von den Wurzeln aus der Tiefe gefördert wird. Das Endprodukt der Photosynthese ist Traubenzucker. Von diesem energiereichen Stoff lebt und wächst der Baum.

Traubenzucker ist wasserlöslich. In den Leitgeweben des Baumes kann er daher leicht überallhin transportiert werden.
Gäbe es keine grünen Pflanzen, die die Kunst beherrschen, von Licht, Luft und Wasser zu leben, dann gäbe es keine Tiere auf der Erde, und der Mensch hätte sich nicht entwickeln können. Für die Tiere sind die Pflanzen eine unentbehrliche Nahrungsquelle.
Doch Tiere und Menschen zehren noch auf andere Weise von der Photosynthese: Sie setzt den lebenswichtigen Sauerstoff frei! Bei einer 100jährigen Buche sind es pro Stunde 1,7 Kilogramm, die aus den Spaltöffnungen austreten. Das ist die Sauerstoffmenge, die fünfzig Menschen in einer Stunde für ihre Atmung benötigen. Die Photosynthese, das lebenspendende Wunder des grünen Laubwerks, gilt zu Recht als der wichtigste biologische Vorgang auf unserem Planeten.
Nach der Art der Blätter unterscheidet man Laubbäume und Nadelbäume. Nadeln haben eine Lebensdauer von bis zu 10 Jahren. Eine feste Oberhaut verhindert, daß sie zuviel Feuchtigkeit verlieren, denn bei der Photosynthese entweicht neben dem Sauerstoff auch viel Wasserdampf aus den Spaltöffnungen. Oft sind die Nadeln zusätzlich mit einer schützenden Wachsschicht überzogen.

rund
Zitter-Pappel

herzförmig
Linde

eiförmig
Birnbaum

handförmig-gelappt
Ahorn

fingerförmig-geteilt
Kastanie

unpaarig-gefiedert
Robinie

Herbst für Herbst zeigt das Laub der Bäume seine schönsten Farben – eine Vorbereitung auf die Winterruhe.

anzettlich
Weide

Im Winter, wenn das Wasser gefroren ist und von den Wurzeln nicht nachgeliefert werden kann, verhindert diese Schicht, daß die Bäume austrocknen.
Anders als die Nadelbäume grünen die Laubbäume bei uns nur im Frühling und im Sommer. Naht die kalte Jahreszeit, bereiten sie sich auf eine Ruhepause vor.
Das Chlorophyll der Blätter ist nun überflüssig geworden – es wird abgebaut. Das sommerliche Grün weicht den prächtigen Farben des Herbstes: Goldgelb, Rot oder Braun. Diese leuchtenden Farben entstehen durch Blattfarbstoffe und Zuckerreste in den Blättern. Die bunte Pracht hält jedoch nicht lange an. Bald wehen die Herbstwinde das welke Laub von den Wipfeln herab.

Wie tief dringen die Wurzeln in den Boden?

Die Wurzeln verankern den Baum fest im Erdreich. Außerdem versorgen sie ihn mit Wasser und den darin gelösten Nährsalzen. Ohne diese Salze, die dem Baum Phosphor, Kalium, Stickstoff, Kalzium und andere chemische Stoffe zuführen, wäre er nicht lebensfähig.
Manche Wurzeln wachsen pfahlartig in die Tiefe, andere verzweigen sich flach. Ihre Form richtet sich danach, auf welchem Boden der Baum siedelt. Eine Kiefer auf einer trockenen Sanddüne senkt ihre Pfahlwurzeln bis zu 7 Meter in die Tiefe. Erst dort unten findet sie ausreichend Wasser.

buchtig
Eiche

nadelförmig
Lärche

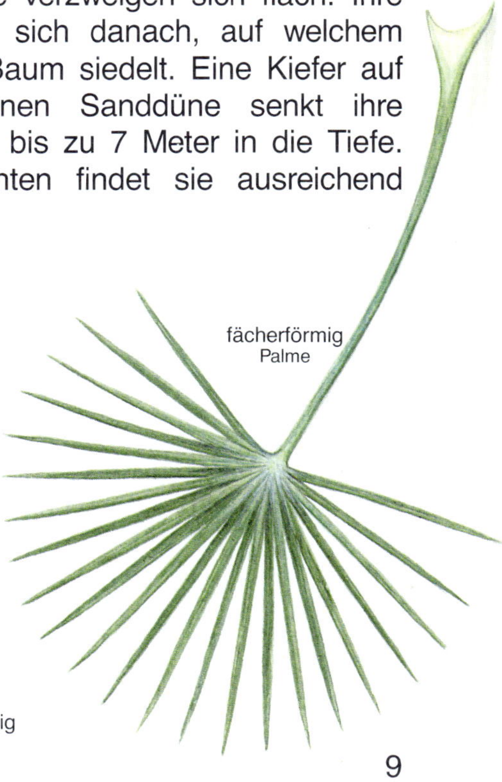

fächerförmig
Palme

schuppenförmig
Lebensbaum

nadelförmig
Fichte

Die meisten Baumwurzeln verlaufen jedoch nicht tiefer als 15 bis 30 Zentimeter. Diese Bodenschicht ist feucht, voller Nährstoffe und enthält auch genügend Sauerstoff, den die Wurzeln zu ihrer Entwicklung brauchen.

Gehölze der *Mangrove* – der tropischen Küstensümpfe – haben sich mit ihren Wurzeln an ein Leben auf schlammigem Grund angepaßt. Einige stützen sich auf hohe Stelzwurzeln. Andere bilden meterhohe Atemwurzeln, die aus dem Morast ragen und Luft tanken.

Der Querschnitt einer Wurzel, unter dem Mikroskop betrachtet, zeigt in der Mitte ein Bündel von Leitsträngen. Es sind winzige Transportröhren für Wasser und Zuckersaft. Von den feinen Wurzelspitzen ziehen sie sich durch den gesamten Baum – bis ins letzte Blatt. Die Wurzelzellen sind von einer Rindenschicht umgeben, die für Wasser durchlässig ist.

Bei der Aufnahme von Wasser haben die Wurzeln nicht viel zu tun. Die Photosynthese in den grünen Blättern wirkt dabei als Motor! Sie erzeugt erhebliche Mengen an Wasserdampf, der ständig aus den Spaltöffnungen der Blätter verdunstet. Durch diesen Verlust von Wasser entsteht im Baum ein Sog. Er läßt das Bodenwasser wie von selbst in die Leitröhren der Wurzeln strömen.

Bei der Wasseraufnahme helfen auch feine Wurzelhaare mit. Viele Bäume haben an ihrer Stelle ein dichtes Geflecht von Pilzfäden – die *Mykorrhiza.* Die Fäden umspinnen die Wurzel und versorgen sie mit Wasser und Nährsalzen. Als Gegenleistung erhalten die Pilzfäden Zuckersaft.

Was geht im Stamm vor sich?

Der Stamm ist das Herzstück des Baumes: In ihm fließen die Nährsäfte, er wächst in die Höhe und bildet Jahr für Jahr neue Holzschichten, die ihn dicker und dicker werden lassen. Wie mächtige Türme ragen die berühmten Küsten-Mammutbäume in den Himmel Nordkaliforniens. Es sind die größten Bäume, die man kennt: 110 bis 120 Meter hoch. Die Eukalyptusbäume Australiens mit über 90 Metern Höhe stehen ihnen aber an Stattlichkeit kaum nach. Im Schatten solcher Pflanzenriesen – wie klein wirkt da ein Mensch!

Die wichtigste Schicht des Stammes ist sehr dünn. Sie heißt *Kambium* und liegt dicht unter der Rinde. Das Kambium bildet ständig neues Gewebe – nach innen Holz, nach außen Bast.

Im Holz steigt das Wasser von den Wurzeln in die Äste, Zweige und Blätter empor. Im Frühjahr bildet sich helles und weiches Holz; es kann viel Wasser leiten. Das Herbstholz ist dunkler gefärbt und härter. So entstehen die Jahresringe, die Auskunft über das Alter eines Baumes geben. Durch die Bastschicht fließt Zuckersaft. Sein Strom verläuft in entgegengesetzter Richtung, also den Stamm abwärts. Zucker entsteht ja in den Blättern und muß von dort aus an alle Teile des Baumes als Nahrung geliefert werden.

Wo die tropischen Regenwälder ans Meer heranreichen, gedeihen die immergrünen Mangrovegehölze. Mit ihren hohen Stelzwurzeln sind sie dem Wechsel von Ebbe und Flut angepaßt.

Kiefern senken ihre Wurzeln tief in den Boden. So können sie auch auf sandigen Standorten gedeihen, in denen sich Wasser erst in tieferen Schichten findet. Die Wurzeln der Kiefern sind auf Pilze angewiesen. Eine solche Pilzwurzel heißt Mykorrhiza. Das Wurzelgeflecht vieler Bäume dehnt sich weiter aus als die Äste und Zweige ihrer Krone.

Atemwurzeln und Stelzwurzeln der Mangrovegehölze bei Flut.

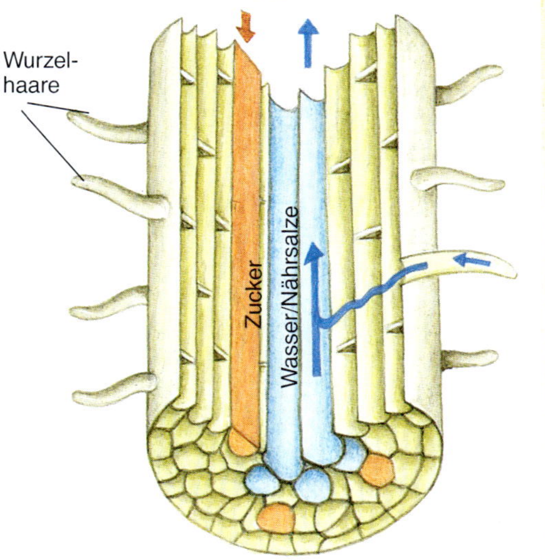

Bau einer Wurzel.

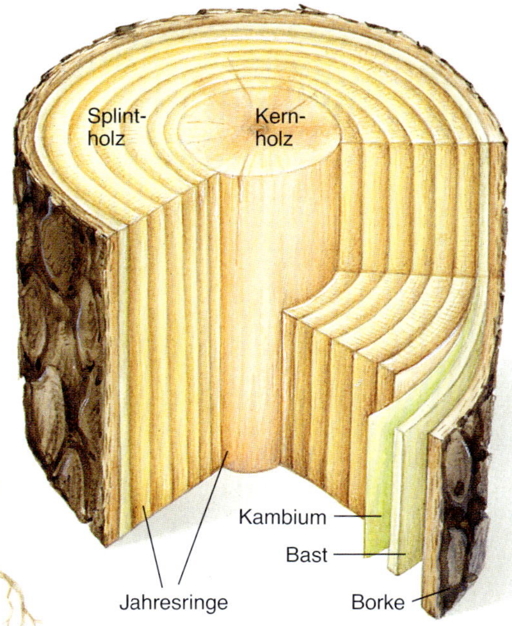

Schnitt durch einen Kiefernstamm.

Die ständig nachwachsende Rinde umhüllt den Stamm. Sie bewahrt ihn vor Austrocknung, vor Pilzbefall und vor Insektenfraß. Die äußere, abgestorbene Rindenschicht heißt Borke. Sie enthält Kork und ist von feinen Luftkanälen durchsetzt.
Bei Eichen, Lärchen und Kiefern stirbt das Holz in der Mitte des Stammes ab. Solches *Kernholz* ist besonders fest und daher bei Zimmerleuten geschätzt. Birken, Pappeln und Erlen haben diese Vorzüge nicht, sie bestehen nur aus *Splintholz.*

Wie alt werden Bäume?

Wer in Büchern nach dem Alter weltbekannter, großer Bäume sucht, wundert sich: Die Zahlen widersprechen sich mitunter ungemein. Und Angaben wie diese gehören wohl ins Reich der Fabel: Im Süden Japans soll eine Sichel-Tanne 7 240 Jahre alt geworden sein. Dem größten Drachenbaum der Insel Teneriffa billigte man eine Lebenszeit von über 5 000 Jahren zu. Die Affenbrotbäume der afrikanischen Savanne hielt man für 6 000 Jahre alt.

Inzwischen ist erwiesen, daß Riesenbäume den Betrachter meist zu Übertreibungen verführen! Den Altersrekord unter den Bäumen hält nämlich die Grannenkiefer – sie sieht eher unbedeutend aus. Dennoch hat sie bis zu 5 000 Jahre auf ihrem knorrigen Buckel. Die Jahresringe sind unter dem Mikroskop gezählt worden – eine Entdeckung, die 1956 die Fachleute in Aufregung versetzte. Für alle anderen, höheren Altersangaben von Bäumen fehlt bisher der Beweis.
Lange Zeit hielten die Wissenschaftler die Riesen-Mammutbäume an der niederschlagsreichen Westseite der Sierra Nevada für die ältesten Bäume der Welt. Die Lebensdauer dieser Holzkolosse beträgt aber höchstens 3 600 Jahre. Gemeinsam mit ihren jüngeren Vettern, den Küsten-Sequoien, bilden sie den botanischen Reichtum Kaliforniens. Sie sind in Nationalparken geschützt.
Die Küsten-Sequoia ist nach dem Cherokeesenhäuptling Sequoyah benannt, der in den Jahren 1760 bis 1843 lebte. Sein Name findet sich auch in der lateinischen Artbezeichnung für den Riesen-Mammutbaum: *Sequoiadendron giganteum.*

Die Grannenkiefern gelten als die ältesten Lebewesen der Erde. Sie wachsen in 3000 Metern Höhe – im Bergland Nordamerikas.

Die Riesen-Mammutbäume zählen zu den großartigsten Pflanzengestalten der Erde. Ihr Stammdurchmesser erreicht über 10 Meter. Mammutbäume sind Sumpfzypressengewächse.

Für die Altersbestimmung an lebenden Bäumen wurde ein spezieller Bohrer entwickelt. Er entnimmt einen dünnen Bohrkern, dessen Jahresringe gezählt werden. Bei sehr dicken oder hohlen Bäumen bleibt aber nur die Schätzmethode übrig.

Forscher vermuten, daß einige Tamrit-Zypressen im algerischen Teil der Sahara schon über 4 000 Jahre zählen. Aus China stammt die Kunde von einem 3 500 Jahre alten Ginkgobaum. Die berühmten Zedern des Libanon schätzt man auf 2 500 Jahre: König Salomo ließ seinen Tempel aus solchen Bäumen bauen. Eiben, Linden und Eichen werden über 1 000 Jahre alt.

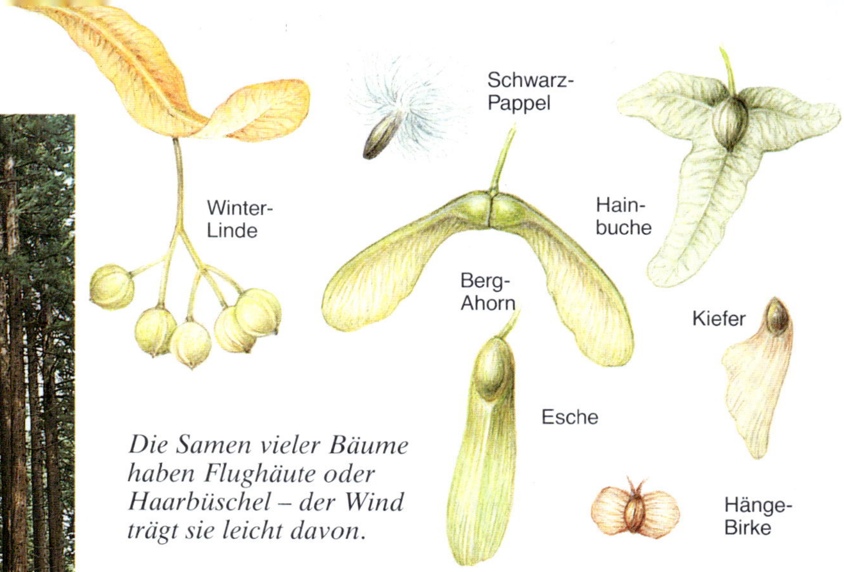

Die Samen vieler Bäume haben Flughäute oder Haarbüschel – der Wind trägt sie leicht davon.

Wie vermehren sich Bäume?

Bei gefällten Robinien können wir beobachten, wie bei dieser Art neue Bäume entstehen. Neben dem Stumpf treiben bald viele Schößlinge aus der Wurzel.

Bäume vermehren sich aber vor allem durch Samen, also geschlechtlich. Die Blüten sind ihre Geschlechtsorgane: In ihnen werden Eizellen vom männlichen Blütenstaub, dem *Pollen,* befruchtet.

Bei Kiefern und anderen Nadelbäumen sind die Blüten unscheinbar. Der Wind treibt die winzigen Pollenkörner auf die weiblichen Blütenstände, die Zapfen. Viele Laubbäume sind dagegen auf die Bestäubung durch Insekten angewiesen. Kirschbäume, Magnolien, Linden und Kastanien locken deshalb mit duftenden Blüten Bienen und Hummeln von weit her an.

Die Samen der Nadelbäume verbergen sich unter den Schuppen der Zapfen. Bei den Laubbäumen liegen sie in Steinfrüchten und Beeren, oder sie reifen als Bucheckern, Eicheln oder Nüsse heran. Die Pflanzen müssen Samen im Überfluß erzeugen, denn nur wenige Keimlinge setzen sich im Wettbewerb um Licht und Nährstoffe durch.

Wind und Wasser verbreiten die Samen. Vögel und kleine Säugetiere helfen mit; sie legen mehr Vorräte für den Winter an, als sie sich merken können – die vergessenen Samen keimen im nächsten Frühjahr.

Sehen und erkennen

Gibt es Professoren für Baumkunde?

Schon die Urmenschen wußten, welche Pflanzen schmackhafte Früchte tragen und welche Wurzeln als Nahrung taugen. Die ersten richtigen *Botaniker* – so bezeichnen sich die Pflanzenforscher – lebten jedoch im alten Griechenland. Der Philosoph Theophrastos war einer der ersten, er starb im Jahre 274 vor Christus.

Pflanzenkenner gab es auch bei den Römern. Die Pharaonen Ägyptens schmückten ihre Tempelgärten mit erlesenen Gewächsen. Im Mittelalter waren es vor allem Mönche und Kräuterdoktoren, die Pflanzen sammelten und deren Heilkräfte nutzten. Die Gehölzkunde heißt *Dendrologie.* In Europa entwickelte sie sich besonders im 16. Jahrhundert – je weiter sich die Botaniker in fremde Länder hinauswagten. Zuerst erforschten sie die Gebiete am Mittelmeer, dann die Pflanzenwelt aus Übersee. Pflanzenkundler bereisten Amerika, Indien, China, Japan und die Pazifikinseln. Sie begleiteten Entdeckungsreisende im Dienste holländischer, spanischer, portugiesischer oder englischer Könige, oder sie gingen an Bord von Handelsschiffen.

Die Ausbeute war reich. Im Jahre 1594 entstand in Holland der erste größere botanische Garten Europas, in dem es fremde Gehölze zu bestaunen gab. Mehr und mehr ausländische Bäume wurden nun auch in freier Flur angepflanzt. So kam die Roßkastanie aus der Türkei zu uns, der Maulbeerbaum und der Pfirsich aus dem Orient, die Lärche aus Rußland, die Robinie, die Douglasie, die Rot-Eiche, der Tulpenbaum und die Magnolie aus Amerika und der Götterbaum aus China.

Die frühen Gelehrten der Baumkunde nahmen viele Strapazen auf sich: Ihre Expeditionen führten sie durch unwegsame Wildnis, in der Hunger, Durst, Krankheiten und Gefahren drohten. Manch einer bezahlte seinen Wissenseifer mit dem Leben. Den meisten Doktoren und Professoren der Dendrologie, die heute wirken, bleiben Erkundungsreisen ins Ungewisse erspart. Doch trotz jahrhundertelanger Baumforschung gibt es noch viele offene Fragen. Bei einigen Bäumen zum Beispiel diese: Welche Arten sind miteinander verwandt? Wie sahen ihre gemeinsamen Vorfahren aus? Auf welchen Erdteilen wuchsen sie? Oft blieben nur spärliche Fossilien, um diese Fragen beantworten zu können.

Der Grieche Theophrastos begründete die Baumkunde.

Albertus Magnus – Dominikanermönch und Botaniker.

Der schwedische Naturforscher Carl von Linné.

Der Götterbaum wird bis zu 25 Meter hoch. Er ist als Parkbaum geschätzt, wächst aber auch auf Schutthalden.

Baumspezialisten enträtseln das Tagebuch der Pflanzenwelt auch aus dem Torf der Moore. Seit dem Ende der letzten Eiszeit – seit über 10 000 Jahren – sind die Moore Jahr für Jahr um eine dünne Schicht Torf angewachsen. Bäume streuten ihre Pollen darüber aus. Die nächste Schicht überdeckte die mikroskopisch kleinen Gebilde.
Erwärmte sich das Klima, dann herrschten wärmeliebende Bäume vor, wurde es kälter oder feuchter, traten andere Arten an ihre Stelle. Das Mikroskop bringt die Geschichte des Erdklimas und der Bäume untrüglich zutage – anhand der Pollen, die die Forscher in den Torfschichten finden.

Wie viele Arten von Bäumen kennt man?

Die größten und die ältesten Bäume auf unserer Erde gehören zu den Nadelgehölzen. Nadelbäume entwickelten sich gegen Ende der Steinkohlenzeit. Erst Hunderte Millionen von Jahren später entstanden die Laubbäume.
Was beide Gruppen voneinander unterscheidet, ist nicht nur ihre Blattform. Alle Nadelbäume, Ginkgos, Eiben und Palmfarne sind *Nacktsamer.* Ihre Samenanlagen liegen unbedeckt auf den Samenschuppen. Die Samenanlagen der Laubbäume sind dagegen von einem Fruchtknoten umhüllt, der zur Frucht reift. Alle Pflanzen, die sich so vermehren, heißen *Bedecktsamer.*
Viele Nadelbäume kommen mit kargem Boden zurecht, sie vertragen Trockenheit, Nässe und das rauhe Wetter an den Hängen der Gebirge. Als Nutzhölzer sind sie in aller Welt gefragt, vor allem auch weil sie schnell wachsen und in Pflanzungen schlanke Stämme ausbilden.
Heute sind den Wissenschaftlern etwa 650 verschiedene Nadelbäume bekannt. Der Artenreichtum bei den Laubbäumen ist wesentlich größer. Allein auf der Nordhalbkugel der Erde gedeihen Tausende von Arten. Die tropischen Regenwälder beherbergen jedoch ein Vielfaches davon.

John Stuart schuf den Botanischen Garten Kew bei London.

Alexander von Humboldt forschte in Südamerika.

David Douglas brachte die Douglasie nach Europa.

Um Tausende und aber Tausende von Bäumen unterscheiden zu können, haben die Forscher sie nach dem erkennbaren Verwandtschaftsgrad geordnet. Ähnliche Arten faßten sie zu Gattungen zusammen, ähnliche Gattungen zu Familien.

Pyramiden-Pappel

Die Nadelbäume bilden nur sieben Familien – darunter die große Familie der Kieferngewächse, die Zypressen- und die Sumpfzypressengewächse, die Eiben- und die Araukariengewächse.

Die Gruppe der Laubgehölze verteilt sich auf über sechzig Familien. Buchen, aber auch Eichen und Kastanien zählen zu den Buchengewächsen. Erlen, Hainbuchen und Haselnüsse werden den Birkengewächsen, die Pappeln den Weidengewächsen zugerechnet. Andere Familien der Laubgehölze sind die Linden- und Ahorngewächse, Ulmen-, Myrten- und Platanengewächse, Lorbeer-, Ölbaum-, Rosen-, Palmen- und Magnoliengewächse.

Carl von Linné gab jeder Art einen lateinischen Doppelnamen aus Gattungs- und Artbezeichnung. Seitdem ist diese Benennung unter Botanikern üblich.

Was wächst in einem Arboretum?

Die Begeisterung für edle Baumgestalten, aromatisch duftende Blüten und besondere Blattformen ist so alt wie die Botanik. Wo immer Pflanzenkundler botanische Gärten schufen, gaben sie den Gehölzen einen besonderen Platz.

Der Amerikaner Charles Sprague Sargent gestaltete einen der bedeutendsten Gehölzgärten des 19. Jahrhunderts – das Arnold-*Arboretum* in Boston. Auf lateinisch heißt »Baum« *arbor,* davon leitet sich der wissenschaftliche Name für eine Sammlung von Bäumen ab. Sargent pflanzte prächtige Japanische Blütenkirschen, Holzäpfel und andere Ziergehölze im rauhen Bostoner Klima an.

Wie lassen sich Bäume bestimmen?

Eine Baumart verrät sich durch viele Merkmale. Mit etwas Übung erkennt man Lärchen, Fichten, Tannen und andere Bäume schon von weitem – an ihrer Wuchsform. Manche Kennzeichen – Blüten und Früchte etwa – können wir nur im Frühling oder nur im Herbst sehen.

Die Bestimmungsbücher leiten uns von Merkmal zu Merkmal. Besonders wichtig sind die Blüten. Schon das von Linné geschaffene Ordnungssystem der Pflanzen beruht auf ihren Bauplänen.

Tragen die Zweige eines Baumes getrennte männliche und weibliche Blüten, so nennen die Botaniker ihn einhäusig. Bei vielen Nadelhölzern und bei Buchen, Birken und Eichen finden wir diese Besonderheit.

Weiden, Pappeln, Eiben und Wacholder treiben dagegen nur männliche oder nur weibliche Blüten auf derselben Pflanze – sie sind zweihäusig.

Magnolien, Ölbaum- und Myrtengewächse haben Zwitterblüten. In ihnen liegen sowohl weibliche Fruchtblätter als auch männliche Staubblätter. Dennoch befruchtet sich die Blüte nicht selbst, dies würde der Fortpflanzung schaden. Insekten bringen bei ihrem Blütenbesuch fremden Pollen heran.

Nicht zu vergessen – die Rinde. Auch sie ist ein wichtiges Kennzeichen der Bäume.

Bäume und Wälder

Xanthorrhoea – die »Grasbäume« Australiens und Tasmaniens gehören zur Pflanzenordnung der Liliengewächse.

Welche Bäume wachsen wo?

Die Pflanzen sind die Antwort der Natur auf das Klima. In jedem Klimagürtel der Erde herrschen besondere Bedingungen, und nur gut angepaßte Baumarten können sich in ihnen behaupten und vermehren.
In der kühlen Weite der Tundra ducken sich nur vereinzelte Zwerggehölze an den frostigen Boden. Die Sommer sind kurz, und der eisige Winter läßt das Land 8 bis 10 Monate lang erstarren.
In den Sandwüsten Asiens und Nordafrikas hält es allein der Salzbaum aus. Die Bewohner der Wüste nennen ihn *Saksaul.* Zehn baum- oder strauchförmig wachsende Arten des Saksaul sind in den sandigen Einöden die einzigen Holzlieferanten.
Nur dort, wo das Grundwasser an die Oberfläche steigt, sprießen inmitten der Wüste Palmenhaine – die Oasen.
In den großen Graslandschaften unserer Erde – den Savannen – bestimmen niedrige Schirmakazien und dickstämmige Affenbrotbäume das Bild. Sie müssen Dürre ertragen, denn nur einmal im Jahr gibt es reichlich Wasser: in der Regenzeit.
Anders im immergrünen Hartlaubwald, der rings um das Mittelmeer, aber auch in Teilen Asiens, Australiens und Amerikas gedeiht. Hier sind die Winter mild und feucht, die Sommer dagegen warm und trocken. Im Hartlaubwald wachsen Lorbeer- und Eukalyptusbäume, Zedern, Zypressen, Pinien, Feigen und viele andere Arten. Sie tragen Nadeln, Stacheln, behaarte oder glänzende Laubblätter. So sind sie gegen den drohenden Wasserverlust im Sommer gefeit.
Beiderseits des Äquators, in der üppigen Pracht tropischer Regenwälder, finden wir die größte Artenfülle an Pflanzen und Tieren – die letzten grünen Paradiese.
Auch die Wälder Mitteleuropas waren einst artenreich – bis die Zeit der großen Vereisungen einsetzte und viele kälteempfindliche Baumarten verschwanden.

Warum sind Wälder wichtig?

Die Wälder, die wir heute erleben, haben mit dem Naturwald Europas nichts mehr gemein. Meist sind es reine Fichten- oder Kiefernbestände, die von den Forstleuten angepflanzt wurden, um gute Holzernten zu erzielen. Der natürliche Wald unserer Breiten wäre ein Laubwald aus Eichen, Buchen, Eschen, Ahorn, Bir-

afrikanische
Schirmakazie

ken und Ulmen. Bei uns wachsen Tannen und Fichten von Natur aus nur in den Bergen. Ihr dichtes Wurzelgeflecht hält an den Hängen den Boden fest. Moose, Kräuter und Farne speichern das Regenwasser. Wo Bergwälder krank oder abgestorben sind, rutschen bald Lawinen aus Erde und Geröll zu Tal – die gefürchteten *Muren.* Die Menschen erfahren dann auf schmerzliche Weise, welch unschätzbares Gut mit dem Wald verloren ist.

Der Wald besteht nicht nur aus vielen Bäumen, er ist ein verwobenes System. Zahllose kleine und große Tiere wohnen unter seinem Blätterdach – Einzeller, Regenwurm, Wegschnecke, Baumwanze, Ameise und Mistkäfer genauso wie Habicht, Kuckuck, Haselmaus, Wildschwein und Hirsch. Jedes Tier lebt in einer bestimmten Etage: in den Baumkronen, an den Stämmen, zwischen Sträuchern und Kräutern, im Fallaub oder im Boden. Die Forscher sprechen vom *Ökosystem Wald* und untersuchen den Kreislauf der Stoffe, in den die Bewohner des Waldes eingebunden sind.

Im Untergrund von Laubwäldern sammelt sich, vielfach gefiltert, sauberes Wasser.

Ein Drachenbaum auf Teneriffa. Bei Verletzungen fließt aus seinem Stamm ein rotes Gummiharz.

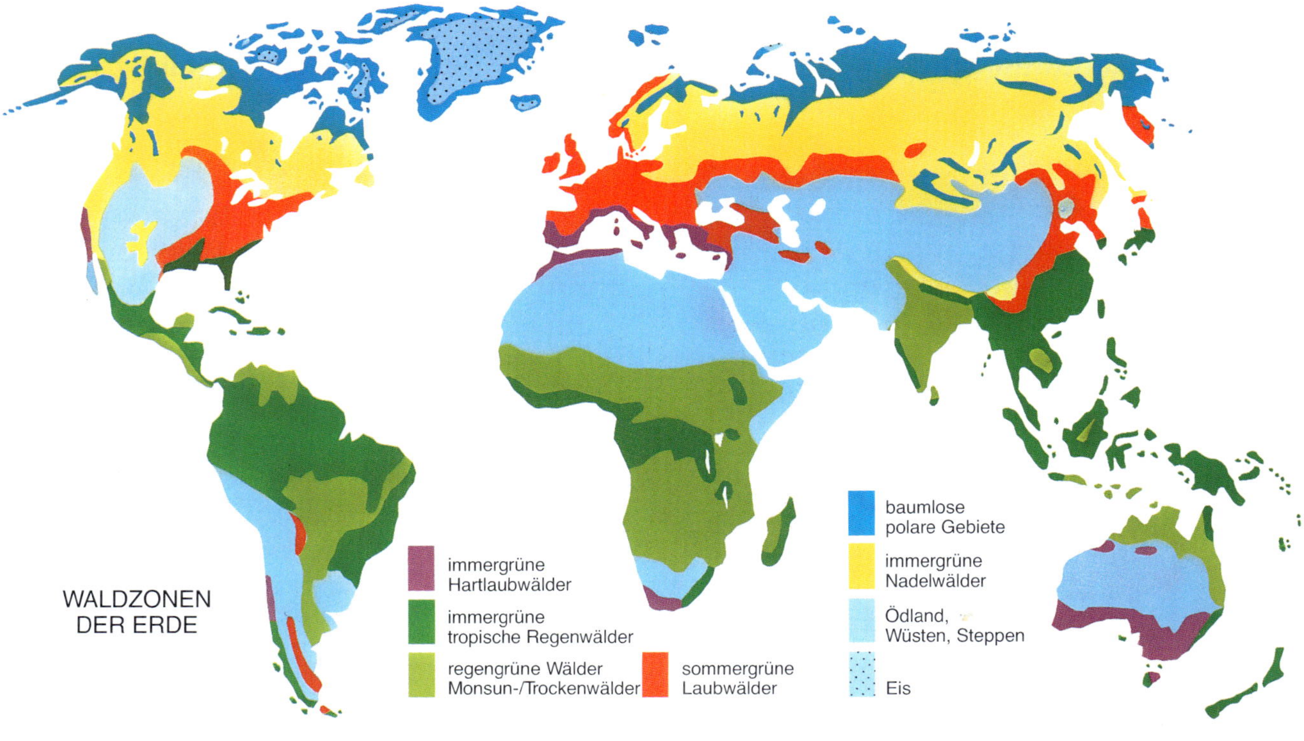

Rote Waldameise (1), Grüner Eichenwickler (2), Hirschkäfer (3), Waldkauz (4), Eichelhäher (5), Buntspecht (6), Waldbaumläufer (7), Baummarder (8), Eichhörnchen (9), Weidenmeise (10), Kohlmeise (11),

Eichenspinner (12), Junikäfer (13), Goldafter (14), Rinden-Widderbock (15), Eichelbohrer (16).

Wie viele Tiere ernährt die Eiche?

Bäume dienen den Tieren – als Versteck, als Nahrung oder als Brutplatz. Am schattigen Fuß der Eiche sammeln sich Insekten und andere Kleintiere, die sich mit dem herabfallenden Laub begnügen. Andere nagen an den grünen Blättern – so die Raupen des Eichenwicklers oder die des Eichenprozessionsspinners. Die Forstwirte fürchten beide als Schädlinge. Rund zweihundert Insektenarten leben von der Eiche; die meisten von ihnen sind jedoch harmlos. Ohne Insekten müßten die Vögel verhungern – der Frühling bliebe stumm.

Die gefiederten Sänger sorgen dafür, daß Raupen, Käfer, Blattläuse, Falter und Fliegen nicht überhandnehmen. Unermüdlich turnt der zierliche Waldbaumläufer am Stamm herum, um in den Rindenspalten nach versteckter Beute zu suchen; Kleiber und Specht tun es ihm nach. Der Eichelhäher bedient sich im Herbst an den Früchten. Die Eicheln sind auch Eichhörnchen und Wildschweinen willkommen.

Der Baummarder geht, wenn es dämmert, im Geäst auf Fang. Unvorsichtige Eichhörnchen und Vögel sind seine Beute.

Das Beispiel der Eiche zeigt, wie die Nahrungsnetze der Natur geknüpft sind. Noch über den Tod hinaus bleibt der Baum von Leben erfüllt. Die Larve des selten gewordenen Hirschkäfers frißt 6 Jahre lang das morsche Holz von Eichenstubben. Erst dann kann sie sich verpuppen und zum stattlichen Käfer verwandeln. Mauerbienen und Grabwespen nutzen die verlassenen Fraßgänge von Käferlarven als Bruthöhlen. Hohltauben, Stein- und Waldkäuze, aber auch Fledermäuse und Marder beziehen in Astlöchern und Spechthöhlen Quartier.

Australien ist der Kontinent der Eukalyptusbäume. Rund dreihundertfünfzig Arten gedeihen hier – in den Feuchtwäldern bis hin zu den Halbwüsten. Eukalyptusbäume sind Myrtengewächse. Ihre schmalen, ledrigen Blätter hängen senkrecht herab, und bei Verletzungen der Rinde tritt ein rotes Gummiharz aus.

Wer lebt vom Eukalyptusbaum?

Alle Teile des Eukalyptusbaumes duften nach Hustenbonbon. Ist es da verwunderlich, daß auch ein Tier danach riecht, wenn es sein Leben lang die Blätter des Baumes verspeist? Der »Eukalyptusbär« hat sich auf diese Nahrung spezialisiert – ein Beuteltier. Die australischen Ureinwohner gaben dem drolligen Pelzträger den Namen *Koala.*

Koalas wirken plump und unbeholfen, wenn sie den größten Teil des Tages hoch oben in einer Baumgabel verdösen. Doch sie sind gewandte Kletterer und springen sogar. Die Hände sind wie Greifzangen gestaltet. Spitze Krallen geben Halt.

Erst nach Sonnenuntergang werden die Beutelbären munter. Ein ausgewachsenes Tier verzehrt dann bis zu 1,2 Kilogramm Laub und Rinde! Aber nicht jeder Eukalyptusbaum behagt den Hungrigen: Nur zwanzig Arten kommen in Betracht. Die Koalas finden sie mit Sicherheit heraus.

Auf dem Rücken der Mutter fühlt sich das Koalajunge geborgen.

Leider sind die Tiere in großen Teilen Australiens bereits ausgerottet.

Zwergbäume wachsen sehr langsam. Dafür halten sie eisige Kälte, Wind, Schnee, Nährstoffmangel und Trokkenheit aus. An der Baumgrenze der Gebirge finden wir die strauchförmige Latschen-Kiefer. Der Wald, den sie dort oben bildet, wird nur knapp 1 Meter hoch.

Wie hoch werden die niedrigsten Wälder?

Gärtner haben viele Zwerggehölze gezüchtet. Und chinesische und japanische Baumfreunde schufen den *Bonsai* – den zurechtgestutzten Zwergbaum für die Wohnstube.

Die Latschen-Kiefer ist besonders widerstandsfähig. Sie wächst noch in 2300 Metern Höhe.

Pflanzen und Tiere des Regenwaldes am Amazonas – bunt und aufregend – eine atemberaubende Welt. Tropenwälder sind biologische Schatzkammern unserer Erde. Die Menschen sollten sie hüten.

Wie oft regnet es im Regenwald?

Als europäische Eroberer sich in die tropische Wildnis wagten, schmähten sie den Dschungel als »grüne Hölle«. Heute erst weiß man, wie unendlich kostbar die Regenwälder der Erde sind, wie einmalig ihre Pflanzen- und Tierwelt.

Im Regenwald ist es immer heiß und feucht – wie im Treibhaus. Prasselnde Niederschläge gehören dazu. Es regnet rund zehnmal mehr als bei uns.

Über die Hälfte des Wassers wird jedoch von den Pflanzen verdunstet. Es sammelt sich in Wolken über den Wipfeln der Bäume und regnet wieder herab.

Regenwälder bedecken nur 6 Prozent der Erdoberfläche, doch in ihnen lebt mehr als die Hälfte aller Pflanzen- und Tierarten. Die größten Waldgebiete liegen im südamerikanischen Amazonasbecken, im afrikanischen Staat Zaire und in Indonesien. Sie sind in Millionen von Jahren zu ihrer Formenfülle herangereift: Regenwälder des Tieflandes, nebelverhangene Bergwälder und die Mangroven – die Schwemmlandwälder entlang der Flüsse.

Der tropische Regenwald ist wie ein Hochhaus in Stockwerke gegliedert. In jedem sind andere Bewohner zu Hause. Affen hangeln sich mit Hilfe ihrer Greifhände und des Greifschwanzes durchs Geäst. Laubfrösche klettern mit Haftscheiben an den Zehen an glatter Rinde empor. Das Chamäleon paßt sich perfekt den Blättern der Umgebung an und lauert mit seiner Schleuderzunge auf arglose Beute.

Die großen Wälder Amazoniens sind die artenreichsten überhaupt. Unser Bild zeigt einen Ausschnitt aus der fesselnden, farbigen Welt unter dem immergrünen Kronendach der Baumriesen.

Zum Regenwald gehören auch die Reste der ältesten Völker unserer Erde, die noch heute als Jäger und Sammler leben – so die Pygmäen in Afrika und die »Negrito«-Völker in Südostasien. Der Wald ist die Heimat dieser Menschen, auch die der Indios am Amazonas. Er gibt ihnen Nahrung, Kleidung und Schutz.

Bäume in Stadt und Land

Warum sollen Städte grün sein?

Wo die Städteplaner den Bäumen einen Platz zugedacht haben, wohnt es sich besser. Dafür gibt es viele Gründe. Bäume spenden Kühle – an heißen und staubigen Sommertagen lädt ihr Schatten zur Rast ein. Das Blattwerk produziert Sauerstoff, und es kämmt Staub und Schmutz aus der Luft. Gut durchdachte Pflanzungen bremsen auch den Wind, und sie schlukken den Straßenlärm.

Das Angebot der Natur ist vielseitig. Mit den schlanken Pyramiden-Pappeln oder mit Pyramiden-Eichen lassen sich Spielplätze oder Parkflächen für Fahrzeuge eingrenzen. Linden, Eichen, Roßkastanien, Spitz-Ahorne und Schwarz-Pappeln wachsen zu prächtigen Straßenalleen heran, zu grünen, schattigen Tunneln.

In Großstädten sehen wir oft mächtige Platanen – sie fallen durch ihre gescheckte Rinde und die stacheligen, herabhängenden Früchte auf. Platanen wachsen schnell und ertragen die verschmutzte Luft.

Nicht nur Bäume, auch Klettergehölze, wie Efeu und Wilder Wein, sind eine Zierde und sind nützlich zugleich. An Häuserfassaden wirkt ihr Blätterkleid wie eine Klimaanlage.

Welche Bäume wachsen im Park?

Die hohe Kunst der Gartengestaltung entstand im Frankreich des 17. Jahrhunderts. Könige und Fürsten ließen sich prunkvolle Schlösser errichten und umgaben sie mit Parks, Orangerien und Wasserspielen. Alles hatte sich harmonisch in den Baustil des Barocks zu fügen – Gebäude wie Pflanzen. Dem Gärtner war die schwierige Aufgabe gestellt, den natürlichen Wuchs der Bäume zu verhindern. Durch unermüdliches Beschneiden zwang er Hecken dazu, schnurgerade und eckig wie eine Mauer dazustehen und Bäume wie Säulen, Pyramiden oder Kegel. Auch in Japan und anderen Ländern Ostasiens ist diese Art des Kunstparks beliebt. In Bangkok, der Hauptstadt Thailands, ist eine ganze grün beblätterte Elefantenfami-

Der Landschaftspark Wörlitz bei Dessau ist im englischen Stil angelegt – Gehölze entfalten sich ihrer Natur gemäß.

kletternder Wilder Wein

lie zu bewundern! Im 18. Jahrhundert schufen englische Baumfreunde einen völlig anderen Parktyp. Sie pflanzten Landschaftsgärten: malerische, großzügige Anlagen. Fremdländische Gehölze, die von Übersee ins neblige Britannien gekommen waren, sollten sich hier zu voller Schönheit entfalten. Die Planer mußten Jahrhunderte vorausdenken. Und – anders als ihre französischen Kollegen – durften sie das natürliche Wachstum der Bäume nicht einschränken, sondern sie mußten es in ihre Entwürfe einbeziehen.
Auch im Landschaftspark steht kein Baum, kein Strauch zufällig an seinem Platz. Für das Gesamtbild kommt jedem eine ganz bestimmte Rolle zu.
Farbiges Laub – fuchsrot, silbergrau oder goldgelb – hebt sich von dem Dunkelgrün einer Tannengruppe ab. Eichen mit weit ausladenden Kronen lassen die schlanken Zypressen in ihrer Nachbarschaft zur Geltung kommen. Einzeln stehende Trauer-Weiden spiegeln ihre herabhängenden Zweige in einem Weiher.
Selbst die Blattformen und Blattgrößen einer Pflanzgruppe, aber auch die Farben und Zeiten der Baumblüte sind vom Landschaftsgärtner sorgfältig zusammengestellt – der Park wird zum Kunstwerk.

Magnolien, Perückensträucher, Zieräpfel, Japanische Kirschen, Rhododendren und andere reich blühende Bäume und Sträucher bezaubern mit ihren Farben und Düften. Im Landschaftspark findet der Besucher Ruhe und erlebt harmonische Natur.
Unter den deutschen Parkgestaltern haben Fürst Hermann von Pückler-Muskau und Peter Joseph Lenné Ruhm erlangt. Im frühen 19. Jahrhundert entwarfen sie Parkanlagen, in denen wir noch heute spazierengehen können.

Was ist eine Baumschule?

Soll eine Obstplantage angepflanzt oder ein kahlgeholzter Wald wieder aufgeforstet werden, dann braucht man viele junge Bäume. Sie werden in besonderen Gärtnereien herangezogen, den Baumschulen. Solche Gärtnereien verwenden Traktoren, Drillmaschinen, Kunstdünger, Bewässerungsanlagen und Pflanzenschutzmittel wie ein großer landwirtschaftlicher Betrieb. In Gewächshäusern und auf Freilandbeeten vermehren die Gärtner Kreuzungen von Arten, die sich nicht mit Samen fortpflanzen lassen – durch Stecklinge oder durch Pfropfreiser.

Ist ein Garten im französischen Stil gestaltet, so zeigen die Gehölze strengere, uns unnatürlich erscheinende Wuchsformen.

Was ein junger Baum braucht:

einen Stützpfahl, viel Platz, nährstoffreichen Boden und viel Wasser.

Wie pflanzt man einen Baum?

Bevor ein Baum gepflanzt wird, ist vieles zu bedenken. Welcher Platz ist der beste? Seine Wurzeln müssen sich ausstrecken können, ebenso seine Krone. Die Wohnung des Nachbarn darf er nicht verdunkeln. Wenn sein Geäst möglichst vielen Insekten und Vögeln Schutz und Nahrung bieten soll, muß es ein einheimischer Baum sein – wenn möglich ein Laubbaum. Als Pflanzzeit ist der Herbst am günstigsten, auch das zeitige Frühjahr ist geeignet. Die Pflanzgrube hat 1 Meter Durchmesser und etwa 50 Zentimeter Tiefe. Wir setzen den Wurzelballen des Baumes hinein und füllen sorgsam komposthaltige Erde nach. Viel Wasser hilft, sie gut zwischen den Wurzelfasern zu verteilen. Ein kräftiger Pfahl, an dem der Setzling mit einem Baumband befestigt ist, stützt ihn während der ersten Jahre.

Wozu dienen Feldgehölze?

Noch vor wenigen Jahrzehnten sahen die Ackerlandschaften in Mitteleuropa vielgestaltiger aus als heute. Bäume, Hecken und Büsche, Gräben und Tausende kleiner Gewässer belebten sie. Die moderne, mit schweren Maschinen arbeitende Landwirtschaft hat eine Unzahl dieser kleinen Lebensinseln ausgelöscht. Sie brachten ja keinen Nutzen, sondern störten nur – so jedenfalls dachten die Landwirte.
Heute sind die Folgen ihrer Leichtfertigkeit sichtbar. Der Wind bläst die wertvolle Ackerkrume fort, und bei starkem Regen schwemmt das Wasser den Rest davon.
In zahlreichen Ländern pflanzen die Landwirte heute wieder Feldgehölze: hohe, dichte Hecken, die den Wind bremsen und den Acker vor Austrocknung bewahren.
Die Naturschützer setzen sich für ein Netzwerk von Feldgehölzen ein. So erhalten auch die Tiere der Feldflur eine neue Lebensgrundlage – unter ihnen viele Singvögel, die natürlichen Verbündeten des Bauern bei der Schädlingsbekämpfung.

Dieses ehemals fruchtbare, feuchte Land ist rücksichtslos entwässert und seiner Feldgehölze beraubt worden – zurück blieb nur Sand.

Bäume liefern Rohstoffe

Schon immer begehrten die Menschen das Holz der Bäume. Die Herrscher der alten Hochkulturen am Mittelmeer ließen ihre immergrünen Wälder zügellos plündern. Mächtige Zedern, Stein-Eichen und Zypressen wurden zu Bauholz für Tempel, Paläste und Kriegsschiffe. Die Gier nach Holz hinterließ den Völkern Steppen und kahlen Fels – bittere Lehren.

Welches Holz ist das beste?

Eine kluge Nutzung der Wälder, wie sie die geregelte Forstwirtschaft anstrebt, läßt den Bäumen genügend Zeit, um nachzuwachsen. So wird Holz zu einem Rohstoff, der sich ständig erneuert.

Im Sägewerk trennen die Arbeiter die gefällten Stämme zu Schnittholz auf: zu Brettern, Bohlen und Kanthölzern. Aus dem Abfall und anderem minderwertigem Holz entstehen in speziellen Fabriken Spanplatten oder Holzfaserplatten – kein Stück bleibt ungenutzt!

Fichten, Kiefern und Douglasien liefern bei uns das meiste Bauholz. Zum Schnitzen und Drechseln eignet sich das Holz von Kirschen, Erlen, Birken und Linden. Als Möbel- und Furnierholz sind Eichen, Buchen, Platanen und Ahorn gefragt. Und aus Weiden und Pappeln stellt man Zündhölzer her.

In Kanada und in Skandinavien werden zur Papierherstellung jährlich Hunderttausende von Bäumen gefällt; Flößen ist die billigste Transportart.

Die Idee, Papier aus Pflanzenfasern zu gewinnen, stammt aus China. Dort soll man diese Kunst schon 100 Jahre vor Christus beherrscht haben. Eigentlich ist sie aber noch älter, denn schon die Insekten kennen sie. Schauen wir einer Wespe beim Nestbau zu: Sie schabt feine Holzfasern von einem morschen Pfahl, vermengt sie mit Speichel und kittet daraus eine papierene Hohlkugel mit Waben.

Wie werden Bäume zu Papier?

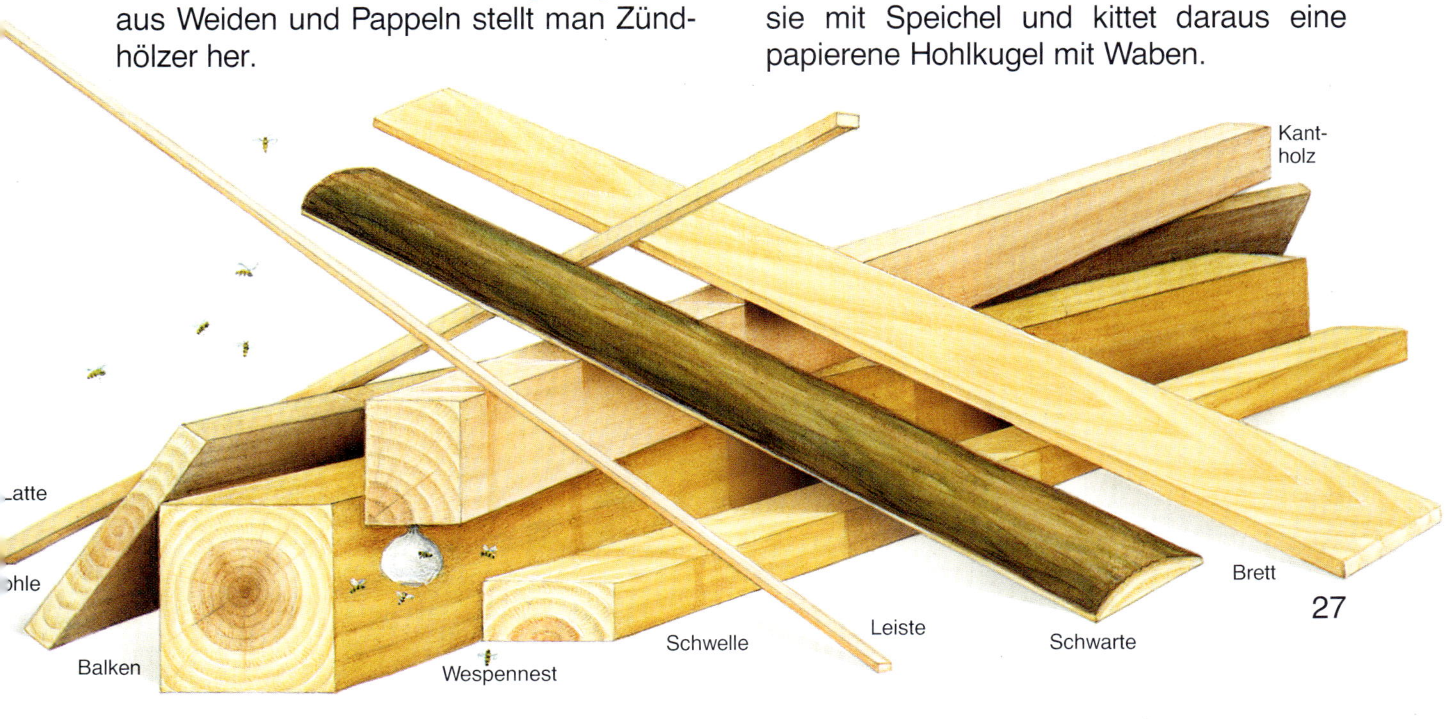

In einer Papierfabrik arbeitet man nach demselben Prinzip. Zuerst wird das entrindete Holz zu Holzschliff zermahlen oder zu Schnitzeln zerkleinert, die zu Zellstoff weiterverarbeitet werden. Die Stoffe werden dann chemisch behandelt, mit Leim oder auch Farben vermischt und in Papiermaschinen zu langen Bahnen gepreßt, getrocknet und in Rollen aufgewickelt.
Die Bürger der Bundesrepublik Deutschland verbrauchen pro Jahr über 10 Millionen Tonnen Papier und Zellstoff. Dafür fallen täglich etwa 200 000 Bäume! Dabei wäre es möglich, über 70 Prozent des Papierbedarfs aus Altpapier zu decken.

Was macht man aus Tropenholz?

Als die Spanier im 16. Jahrhundert die Naturschätze Amerikas – der Neuen Welt – zu erkunden begannen, stießen sie auf Bäume, deren Holz selbst das der Eiche in den Schatten stellte: *Mahagoni.* Sie erbauten die Kathedrale in Santo Domingo aus dem widerstandsfähigen, festen Baumaterial und auch ihre berühmte Kriegsflotte – die Armada.
Heute sind Tropenhölzer in aller Welt begehrte Handelsartikel. Neben Mahagoni bestimmen vor allem Teak und Ebenholz den Markt. Tropenhölzer haben gepriesene Qualitäten: edle Farben – Gelb, Rötlich, Dunkelbraun, Schwarz –, besonders hohe Haltbarkeit, Beständigkeit im Wasser und anderes mehr.
Mit moderner Technik ausgerüstet, ist es leicht, den Giganten des Urwaldes zu Leibe zu rücken. Jede Minute, die heute vergeht, wird eine Fläche Tropenwald gerodet, die so groß ist wie 56 Fußballfelder. Holzfällerkonzerne, internationale Holzhändler und Motorsägenfabrikanten verdienen gut daran. Den Ländern Afrikas, Asiens und Lateinamerikas, die ihre grünen Schätze ausverkaufen, bleibt der geringste Gewinn. Tropenwald, einmal zerstört, ist für immer verloren.
Auch in unseren Geschäften wird Tropenholz vermarktet: in Fenstern, Türen, Dachschindeln, Möbeln. Klangvolle Namen verführen zum Kauf: Abachi, Iroko, Meranti, Ramin, Limba, Bongossi, Sapeli, Afzelia ...

Wo wächst die Kork-Eiche?

Gegenüber ihren Verwandten wirkt die kleinwüchsige Kork-Eiche unscheinbar, doch sie hat Berühmtheit erlangt. Im antiken Griechenland fertigten die Fischer aus ihrer Rinde Schwimmer für die Netze. Die alten Römer besohlten ihre

Oft werden nur die starken Stämme der besten Baumarten gefällt; der Waldboden und die anderen Bäume werden dadurch aber geschädigt.

Die Rindenstücke der Kork-Eiche werden mit Äxten vorsichtig abgeschält. Dann müssen sie auf Stapelplätzen einige Wochen trocknen.

Sandalen mit Kork und stellten Korkstöpsel her, um die Weinamphoren sicher zu verschließen. Seit über 2 000 Jahren nutzen die Menschen diesen praktischen Rohstoff: Kork ist leicht, schwimmfähig, wasserabweisend, elastisch, und er schützt vor Kälte und Hitze!
Der größte Teil des heute gehandelten Korks wächst in den Eichenplantagen Portugals und Spaniens. Er wird für Angelrutengriffe, Fußbodenbeläge, Flaschenverschlüsse, Schwimmwesten, Bojen und anderes mehr verwendet.

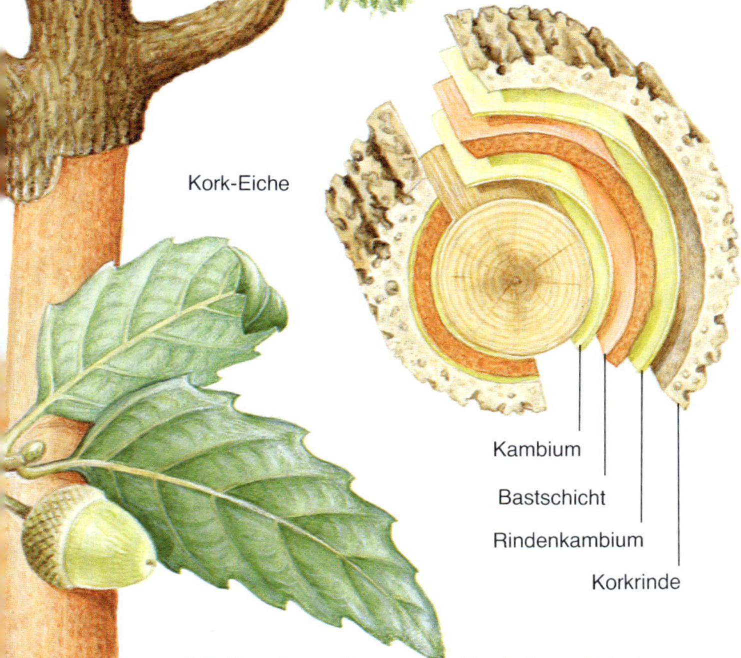

Was ist ein Meiler?

Meiler kennt man seit vielen Jahrhunderten: Mit ihnen wird Holzkohle gewonnen. Der Köhler stapelt 1 Meter lange Buchenscheite in mehreren Etagen um einen Feuerschacht herum. Er bedeckt den

In solchen industriellen Meilern wird in Kanada Holzkohle hergestellt.

Stapel mit grünem Reisig, Moos, Rasen und Erde, daß kaum Luft hineinströmen kann. Das Holz soll nicht brennen, sondern nur schwelen.
In den Feuerschacht wird glühende Holzkohle gefüllt. Sie läßt die Temperatur im Meiler auf über 270 Grad Celsius klettern. In den Industrieländern sind die herkömmlichen Meiler meistens durch Metallöfen ersetzt worden. In den Ländern der Dritten Welt betreibt man sie aber noch in der alten Weise. Holzkohle ist nicht nur als Brennstoff oder als Zeichenkohle gefragt. Sie wird auch in der chemischen Industrie und in der Medizin verwendet.

Wozu gewinnt man Harz?

Einige Bäume sondern eine zähe, klebrige Flüssigkeit ab, wenn man ihre Rinde verletzt. Es ist Harzbalsam, ein Stoff, den man seit dem Altertum schätzt. Die ägyptische Königin Hatschepsut – so ist verbürgt – ließ 1 600 Jahre vor Christus *Myrrhe*-Pflanzen aus dem fernen Punt in Westafrika heranschaffen.
Myrrhe und *Weihrauch* – Harze von Gewächsen der Halbwüste – zählten zu den teuersten Handelsgütern der Antike.

Zur Harzgewinnung werden „Fischgrätenmuster" in die Stämme geritzt. Sie heißen Lachten.

Sie wurden für Parfüme und für Heilmittel gebraucht. Die Ägypter »balsamierten« ihre Toten ein, um sie vor der Verwesung zu schützen. Und heute noch gehören in der katholischen Kirche duftverströmende Weihrauchgefäße zur heiligen Messe.
Das Harz von Kiefern oder Lärchen ernten die Forstwirte, indem sie die Rinde einritzen. Der Harzbalsam von Nadelgehölzen heißt *Terpentin,* das daraus gewonnene Harz *Kolophonium.* Beides sind wichtige Rohstoffe für die chemische Industrie.

Was enthält die Eichenlohe?

In der Rinde von Eichen, Fichten und Kastanien kommen bitter schmeckende Stoffe vor – die Gerbstoffe. Seit Urzeiten wird mit ihrer Hilfe Leder hergestellt. Der Gerber muß die zerkleinerte Rinde auskochen: So entsteht die *Lohe.* Dann weicht er darin die Tierhäute ein – zuerst in einer schwachen, dann in einer starken Lösung. Die Gerbstoffe verwandeln die Haut auf chemischem Wege in Leder.
Der südamerikanische Quebrachobaum, einige Mangrovebäume und Akazien sind ebenfalls Lieferanten von Gerbstoffen.

Was ist Latex?

Latex ist ein milchigweißer Baumsaft, aus dem man Autoreifen, Radiergummis, Kaugummis und viele andere nützliche Produkte herstellt. Einige tropische Bäume führen Latex statt Harzbalsam in ihrer Rinde. Mit Chemikalien zur Gerinnung gebracht, entsteht aus dem klebrigen Saft ein elastischer Stoff.
Die Indios Südamerikas kennen den Gummi des Urwalds schon seit Jahrhunderten. Sie dichten damit ihre Kanus ab und nutzen ihn für Fackeln. Aus der indianischen Sprache stammt auch der Name, den der Naturgummi noch heute trägt: *Kautschuk.*
Im 19. Jahrhundert brachten die Engländer über 2 000 Parakautschukbäume in ihre Kolonien nach Südostasien. Sie begründeten mit ihnen riesige Plantagen, in denen heute der Gummisaft von Milliarden Bäumen geerntet wird. Solche Ernte läßt sich billig auf dem Weltmarkt verkaufen. Die Gummizapfer des brasilianischen Urwaldes werden durch diese Konkurrenz in ihrem Dasein bedroht.

Bäume als Arzneispender

Die Erkenntnis, daß Pflanzen Heilmittel enthalten, ist uralt. Aus allen Kulturen der Welt ist sie überliefert. Spuren zeigen, daß bereits die Menschen der frühen Steinzeit ihre Wunden mit Blättern des Wegerichs zu kurieren wußten – einem der wirksamsten Heilkräuter.

Wie alt ist die Naturheilkunde?

Früher meinten die Menschen, in den Heilpflanzen wohnten Zauberkräfte, die die Krankheitsdämonen vertreiben. Heute sind die meisten Wirkstoffe aus Blättern, Früchten, Rinden oder Wurzeln in ihrem chemischen Aufbau bekannt. Arzneimittelfabriken stellen viele davon künstlich her. Die Apotheken bieten sie als Zäpfchen, Pillen oder Tropfen an.

Die Arzneimittelforscher – sie nennen sich *Pharmakologen* – haben erst 5 Prozent der Pflanzen der Erde geprüft. Besonders bangen sie um den Medikamentenschrank der Zukunft – die schwindenden tropischen Regenwälder. Hier vermuten sie Pflanzen, deren Säfte sogar Aids und Krebs heilen könnten.

Chinarindenbaum

Im Süden Amerikas, an den Osthängen der Anden, liegt die Heimat eines Baumes, der wie kein anderer in die Geschichte der Tropenmedizin einging: der Chinarindenbaum. Seine Rinde liefert einen Stoff, der das Sumpffieber, die *Malaria,* bezwingt – ein weißes, bitteres Pulver. Holländer und Engländer brachten den Baum nach Ostasien, um ihn in Plantagen anzupflanzen. Sein Name leitet sich von dem indianischen Wort »quina« (Rinde) ab.

Stammt die Chinarinde aus China?

In die Stämme von Parakautschukbäumen werden alle 2 bis 3 Tage neue Zapfschnitte geritzt.

Die Medizinmänner der letzten Regenwaldvölker haben das Wissen ihrer Vorväter bewahrt. Die Indianer Amazoniens nutzen mehr als tausend Pflanzen, die meisten davon als Arzneien.

Echte Kastanie

Roß-kastanie

Wogegen helfen Kastanien?

Weit über 10 000 Pflanzen sind heute als Heilpflanzen in Gebrauch; zu ihnen zählt auch die Roßkastanie. Jeder kennt den bis zu 20 Meter hohen Baum. Im Mai schmückt er Parks und Alleen mit seinen großen weißen Blütenkerzen.

Erst vor gut dreißig Jahren haben Chemiker herausgefunden, daß in den braunen, glänzenden Samen – den Kastanien – eine wertvolle Arznei steckt. Heute stellt man industriell wäßrige Auszüge der Samen her. Diese Extrakte wirken gegen Blutergüsse, Krampfadern, Hämorrhoiden, Erfrierungen und Venenentzündungen.

Die Samen müssen bald nach dem Einsammeln verarbeitet werden, sonst werden sie von Schimmelpilzen befallen.

Mit der Echten Kastanie hat die Roßkastanie nur den Namen gemeinsam: Die Bäume gehören verschiedenen Familien an. Die letzte Eiszeit hat die Roßkastanie aus Mitteleuropa in den Kaukasus und auf die Balkanhalbinsel verdrängt: Von dort brachten Botaniker sie zu uns zurück.

Die Echte Kastanie ist am Mittelmeer beheimatet.

Welche Krankheiten lindert die Rot-Buche?

Die Rot-Buche ist ein ertragreicher Baum. Ihre Früchte, die Bucheckern, liefern Öl, aus der Rinde gewinnt man Gerbstoffe und aus dem Holz den Buchenholzteer, eine schwarzbraune, ölige Flüssigkeit. Sie riecht brenzlig und schmeckt bitter. Buchenholzteer enthält Wirkstoffe, die Krankheitserreger abtöten.

Rot-Buche

Kiefer

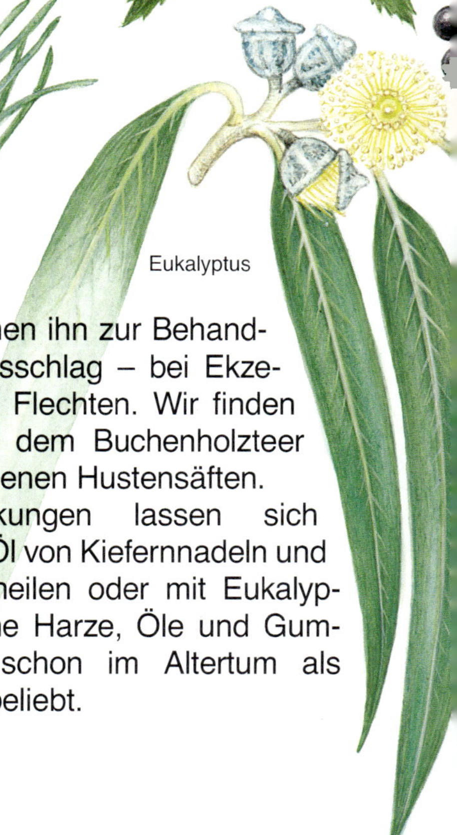

Eukalyptus

Die Ärzte verordnen ihn zur Behandlung von Hautausschlag – bei Ekzemen, Krätze und Flechten. Wir finden Bestandteile aus dem Buchenholzteer auch in verschiedenen Hustensäften.

Atemwegserkrankungen lassen sich ebenso mit dem Öl von Kiefernnadeln und Kiefernknospen heilen oder mit Eukalyptusöl. Aromatische Harze, Öle und Gummiharze waren schon im Altertum als Hustenarzneien beliebt.

Maronen

Wer an einer Erkältung leidet und Fieber hat, kann sich mit Hilfe des Schwarzen Holunders auskurieren. Aus den getrockneten Blüten des Strauches bereitet man Tee. Heiß und in großen Mengen getrunken, läßt er den Patienten bald gehörig schwitzen, und das Fieber läßt allmählich nach.

Wofür ist Holundertee gut?

Ähnlich wirken die Blüten von Linden: Auch sie sind stark schweißtreibend und werden daher bei Erkältungen verordnet.

Holunderblüten und die Blüten der Sommer- und der Winter-Linde dürfen nicht bei nassem Wetter gesammelt werden, damit sie nicht verderben. Die Sammelzeit liegt im Juni und im Juli. Nach dem Trocknen bewahrt man die Blüten am besten in gut schließenden Gefäßen auf. Beim Holunder können auch die Beeren genutzt werden.

Für die Bewohner nördlicher Landschaften war die Birke von jeher ein wichtiger Baum – auch weil sie Heilmittel spendete. In der Volksmedizin werden noch heute die Blätter der Hänge-Birke verwendet. Der anspruchslose Baum wächst überall, in Heidegebieten, an Waldrändern, auf freien Stellen im Laub- und im Nadelwald. Die Erntezeit für die Blätter liegt von Mai bis Juli. Zum Trocknen und zur Aufbewahrung müssen sie ins Dunkle.

Was heilen Birke und Pappel?

Birkenlaub enthält Wirkstoffe, die bei Nieren- und Blasenerkrankungen helfen. Der heiße Aufguß regt die Nierentätigkeit an. Man sagt ihm außerdem nach, er lindere Rheuma und Gicht.

Die Kräuterkundigen des Mittelalters erwähnen verschiedene Pappelarten in ihren Büchern. Darunter sind auch die bei uns häufige Schwarz-Pappel und die Balsam-Pappel.

Aus den Winterknospen beider Arten gewinnt man eine würzig riechende Salbe. Sie hilft bei der Wundheilung, gegen Verbrennungen und Entzündungen.

Die Pappelknospen müssen beim Einsammeln noch geschlossen sein – sie sind deshalb von März bis April zu ernten.

Begehrte Früchte

Die leuchtend gelben Früchte des Zitronenbaumes im Obstladen – wer möchte sie missen? Ebenso begehrt sind andere Zitrusfrüchte: Grapefruits, Apfelsinen, Mandarinen, Clementinen und Limetten. Kaum eine andere Pflanzengattung ist ihrer Früchte wegen so beliebt geworden wie die Zitrusgewächse.

Wie hoch wird ein Zitronenbaum?

Kaufleute und frühe Reisende brachten sie aus dem fernen tropischen Ostasien an das Mittelmeer. Und Christoph Kolumbus, der Entdecker Amerikas, nahm sie mit an Bord, um die Bäume in der Neuen Welt anzusiedeln. Ihre vitaminreichen Früchte heilen Skorbut, die einst so gefürchtete Seefahrerkrankheit. Und sie schützen vor Erkältungen.
Die sechzehn Zitrusarten sind immergrüne Bäume; bis zu 10 Meter hoch, mit glänzendem Laub. Der Zitronenbaum erreicht 3 bis 7 Meter Höhe, seine Zweige sind dornig und seine Blüten groß und rosafarben.
Im botanischen Sinne handelt es sich bei der Zitrone um eine Beerenfrucht.
Ihre Schale enthält ätherisches Öl, das zur Herstellung von Aromen und Parfümen verwendet wird.

Ein altes indisches Sprichwort lobt die Kokospalme als den »Baum der 999 Möglichkeiten«. Und tatsächlich: Jeder Teil einer Kokospalme bringt den Menschen Nutzen; für die Bewohner der Tropen ist die Kokospalme der Baum des Lebens!

Wieso ist die Kokosnuß keine Nuß?

Die Botaniker kennen über 3 000 Palmenarten. Wirtschaftlich bedeutend sind Ölpalme, Betelpalme, Dattelpalme, Sagopalme und – die Kokospalme.

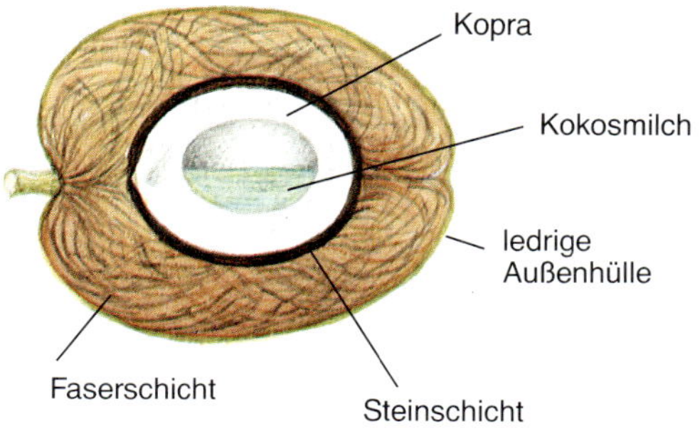

Kokosnüsse haben eine wasserdichte Haut. Darunter liegt eine dicke Faserhülle. So ausgerüstet, können die Früchte monatelang im Meerwasser schwimmen. Wohin sie der Zufall treibt, dort keimen sie.

Kokospalmen wachsen überall an den Küsten der tropischen Meere. Sie werden bis zu 30 Meter hoch und 70 Jahre alt. An einem Baum reifen pro Jahr etwa hundert Nüsse. Die Ernte ist Schwerstarbeit – die Männer müssen die hohen Stämme erklettern.

Der wertvollste Teil der Kokospalme sind die Früchte. Die Kokosnüsse tragen ihren Namen allerdings zu Unrecht, denn sie sind keine Nüsse, sondern Steinfrüchte – wie Kirschen oder Pfirsiche.

Das weiße Kernfleisch – es wird *Kopra* genannt – liefert Speisefett und Kokosraspeln. Es wird auch zu Seife, Kerzen, Kosmetika und Marmelade verarbeitet. Das Kokoswasser im Inneren ist ein erfrischendes Getränk. Aus den Faserhüllen der Früchte entstehen Teppiche, Matten, Besen, Säcke und Seile.

Die Palmenstämme dienen als Bauholz. Und die Blattwedel sind ein unübertroffenes Flechtmaterial – die Inselbewohner verwenden es für Körbe, Tabletts und sogar für die Dächer und Wände ihrer Hütten.

Wie alt werden Ölbäume?

Ölbäume gedeihen in den Ländern am Mittelmeer: Hier sind sie – in uralter Zeit – aus einer Wildform zum Kulturbaum gezüchtet worden. Was die Bäume so begehrenswert machte, waren ihre Früchte, die Oliven. Mit dem Öl der Oliven salbten die Israeliten ihre Könige, ihre Priester und ihre Kranken. Ebensolche Verehrung erfuhr der Baum bei den Griechen und Ägyptern.

Ölbäume wachsen nur langsam. Sie werden etwa 15 Meter hoch. Die ältesten Olivenhaine Israels sind heute wohl über 1 000 Jahre alt.

Wie in biblischen Zeiten üblich, so schlagen die Olivenbauern auch heute noch die Früchte mit langen Stangen von den Ästen. Oliven, aus denen Öl gepreßt werden soll, reifen am Baum. Speiseoliven, die wir als Konserve kaufen, werden schon halbreif geerntet und besonders behandelt.

Alte Ölbäume haben knorrige, abenteuerliche Gestalten. Ihr hartes Holz ist schön gemasert; es eignet sich gut zum Schnitzen und Drechseln.

Jahr für Jahr zieht es viele Brasilianer zu den Ufern des Amazonas – zur Nußernte. Von der Mündung des Stromes aufwärts bis zum Rio Negro reifen die wilden Paranüsse. Die hohen Bäume stehen hier dicht bei dicht; die Arbeit lohnt sich.

Wo liegt die Heimat der Paranüsse?

Der Paranußbaum gehört zur Familie der Topffruchtbaumgewächse. Die Früchte der Bäume entwickeln sich in großen holzigen Kapseln. Sind sie reif, springt ein vorgebildeter Deckel ab. Bei den Paradiesnüssen, Verwandten der Paranuß, sind die Fruchtkapseln etwa 12 Millimeter dick – den Urwaldbewohnern sind sie als Töpfe willkommen.

Paranüsse sind ein wichtiges Regenwaldprodukt Brasiliens. Sie enthalten Fett, das zu Margarine und Speiseöl verarbeitet wird. Außerdem sind die Nüsse selbst eine gesuchte Ware auf dem Weltmarkt. Brasilien exportiert Paranüsse, die direkt aus dem Regenwald stammen. Auf Trinidad und Sri Lanka hat man Plantagen angelegt. Die Erträge blieben jedoch niedrig.

Auch am Orinoco, dem drittgrößten Strom Südamerikas, wachsen wilde Paranußbäume. Schiffe nach Übersee laden die wertvolle Fracht im Hafen von Belém, der Hauptstadt des brasilianischen Bundesstaates Pará. Die Nuß, die eigentlich Brasilnuß heißt, erhielt daher ihren Namen.

Der Kakaobaum hat dieselbe Heimat wie der Paranußbaum. Er duckt sich jedoch in den Schatten der Urwaldriesen und wird nur wenige Meter hoch. Seine weißen oder rosa Blüten wachsen in Büscheln, direkt am Stamm oder am Ast. Mücken übernehmen die Bestäubung.

Wie sieht die Kakaofrucht aus?

Die gurkenförmigen Früchte des Kakaobaumes sind eigentlich Beeren, obwohl man sie Schoten nennt. Sie werden 30 Zentimeter lang, 10 Zentimeter breit und bis zu 500 Gramm schwer. In ein säuerliches, weißes Fruchtmus eingebettet, liegen im Inneren bis zu sechzig flachrunde Samen.

In den Plantagen erreichen Kakaobäume eine Höhe von 4 bis 8 Metern. Die dicht am Stamm sitzenden Früchte sind einfach zu ernten.

Aus ihnen gewinnt man Fett – die sogenannte Kakaobutter – und das Kakaopulver. Nach der Entdeckung Amerikas brachten die Spanier den Kakaobaum ins tropische Asien und nach Afrika, wo er heute in großen Plantagen angebaut wird.

Wo reifen die Kaffeebohnen?

Dort, wo heute die meisten Kaffeebohnen reifen, in Brasilien und Kolumbien, ist der Kaffeebaum ein Fremdling. Sein Ursprung liegt in den Regenwäldern Afrikas. Im 17. Jahrhundert begann von dort aus der Siegeszug des anregendsten Getränkes, das man kennt – des Kaffees. Kaffeepflanzungen gibt es inzwischen in mehr als sechzig Ländern der Erde.
Der Kaffeebaum trägt immergrüne, ledrige Blätter und nach Jasmin duftende, weiße Blütenbüschel. Die Steinfrüchte heißen Kaffeekirschen, die zwei Samen Kaffeebohnen. Damit die Ernte leichter fällt, ziehen die Plantagenbesitzer die Bäume als 3 Meter hohe Sträucher.
Wenn die Kirschen sich röten, ist Erntezeit. Die gesammelten Bohnen werden maschinell vom Fruchtfleisch befreit, gewaschen und getrocknet. In Säcken verpackt, treten sie dann ihre lange Reise an. In den Röstereien der Einfuhrländer entstehen die gewünschten Mischungen der Kaffeesorten.

Die Früchte des Kaffeebaumes reifen nicht gleichzeitig. Grüne „Kirschen" verderben die Ernte. Die Plantagenarbeiter – häufig auch Kinder – müssen daher jeden Baum dreimal durchpflücken.

Welche Gewürze wachsen an Bäumen?

Der Gewürzhandel ist seit dem Altertum ein einträgliches Geschäft. Pfeffer, Ingwer, Curcuma, Kardamom und Vanille stammen von krautigen Pflanzen. Zimt, Gewürznelken und Muskatnüsse wachsen dagegen an 10 bis 14 Meter hohen Bäumen. Die getrocknete innere Rinde des Zimtbaumes ergibt die Zimtstangen. Gewürznelken sind die getrockneten Blütenknospen des Gewürznelkenbaumes und Muskatnüsse die Samen des Muskatnußbaumes.
Die Heimat der Gewürzbäume liegt in Ostindien, Sri Lanka und Indonesien.

Achtung – Gift!

Stechpalme

Buchsbaum

Eibe

Pfaffenhütchen

Bei welchen Bäumen ist Vorsicht geboten?

Früchte, Blätter, Zweige und Rinden vieler Baumarten enthalten Gifte. Ihr Verzehr kann sogar zum Tode führen. Das erstaunliche aber ist: Einige dieser Giftstoffe – in geringer Dosis angewendet – sind als Mittel der Volksheilkunde überliefert.
Der Buchsbaum ist dafür ein Beispiel, ein häufiges Friedhofsgehölz. Kräuterärzte behandelten früher Hautleiden, Gicht und Rheuma und sogar Malaria mit seinen Blättern. Wer Teile des Baumes aus Unkenntnis verzehrt, muß jedoch mit Vergiftungen rechnen: mit Erbrechen, Durchfall, Krämpfen und Lähmungen.
Vor Bäumen, die mit appetitlichen Früchten locken, sollte man immer auf der Hut sein, zum Beispiel vor dem Pfaffenhütchen, der Stechpalme und der Eibe. Ihre Früchte sind leuchtend rot. Robinie und Lebensbaum enthalten ebenfalls gefährliche Stoffe – also unbedingt: Vorsicht!

Warum sterben Hummeln an der Silber-Linde?

In Dörfern und Städten wachsen viele Linden. Im Juni und Juli, wenn die Blüten ihren Duft verströmen, füllen Insekten die Wipfel mit ihrem Gesumm – Bienen, Hummeln, Schwebfliegen, Wespen. Doch viele der Sechsbeiner bezahlen den Blütenbesuch mit dem Leben.
Ihr Verhängnis ist, daß die Planer von Grünanlagen immer mehr bei uns nicht heimische Linden-Arten angepflanzt haben: ungarische Silber-Linden, Krim-Linden, Kaukasische Linden. Diese Arten vertragen Rauch, Staub und Hitze besser und gedeihen auch an Straßen mit geschlossener Teerdecke gut. Dennoch sind die Linden in ein ungewohntes Klima verpflanzt worden! Eine Tatsache, die ihren Stoffwechsel wahrscheinlich stark durcheinanderbringt.
Daher meinen einige Forscher, daß der in den Lindenblüten gebildete Nektar Stoffe enthält, den die Insekten nicht verwerten können – sie verhungern!
Vielleicht gehen Hummeln und andere Insekten aber auch an einem noch unbekannten Gift zugrunde?

blühender Zweig der Silber-Linde

Im Tropenwald Südamerikas leben grellbunte Frösche – die Baumsteigerfrösche und die Blattsteigerfrösche. Die Zoologen fassen beide zur Gruppe der Pfeilgiftfrösche zusammen – aus gutem Grund.

Woraus gewinnen Indianer das Pfeilgift?

Die Hautdrüsen der Froschlurche sondern ein gefährliches Nervengift ab, das die Indianer seit Jahrtausenden als Hilfsmittel bei der Jagd zu nutzen wissen. Sie tränken die Spitzen ihrer Pfeile damit. Jedes Beutetier, das von einem solchen Pfeil getroffen wird, ist augenblicklich gelähmt.

Während seiner Expedition durch Südamerika traf Alexander von Humboldt auch auf Indianer, die völlig andere Rezepte für Pfeilgifte kannten. Sie benutzten das schwarze Harz und die Rinde von Bäumen aus der Familie der Brechnußgewächse. Daraus bereiteten sie das gefürchtete *Kurare* – ein Gift, das blitzschnell zur Erschlaffung sämtlicher Muskeln führt. Brechnußgewächse kommen mit Hunderten von Arten auch im tropischen Afrika und in Asien vor. Und auch dort kennen und nutzen die Ureinwohner dieses Gift.

Die chemischen Wirkstoffe des Kurare sind heute gut erforscht; Ärzte behandeln mit ihnen Muskelverkrampfungen.

Brechnußbaum

Im Dickicht der Tropenwälder verstecken sich noch andere Pfeilgiftpflanzen – zum Beispiel die Hundsgiftgewächse. Die Samen und Wurzeln der hochkletternden *Strophantus*-Lianen aus Westafrika enthalten starke Herzgifte, die in ihrer Gefährlichkeit dem Kurare nicht nachstehen.

Die Afrikaner haben herausgefunden, daß die Bäume ihrer Heimat Inhaltsstoffe gegen das *Strophantin,* das Pfeilgift der Lianen, bereithalten. Sie gewinnen sie aus der Rinde des mächtigen Baobabs, des Affenbrotbaumes.

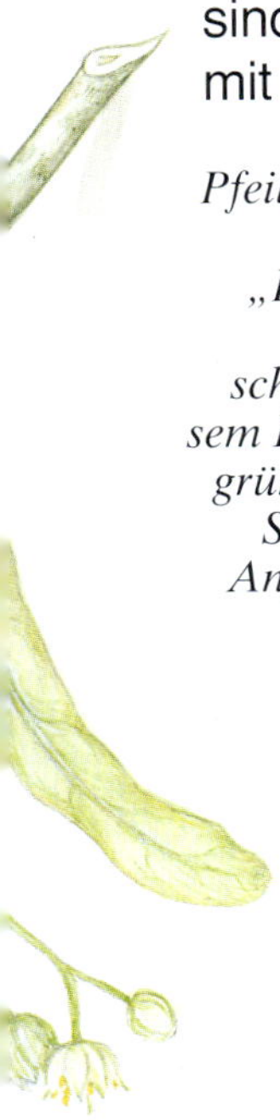

Pfeilgiftfrösche tragen eine regelrechte „Kriegsbemalung“. Manche sind rotschwarz wie auf diesem Foto, andere grellgrün, gelb oder blau. So signalisieren sie Angreifern, daß ihre Haut Giftstoffe enthält.

Bäume in Not

Woran erkranken Bäume?

Wie alle anderen Lebewesen werden auch Bäume krank. Ein winziges Kerbtier, der Ulmensplintkäfer, überträgt auf seinen Wirtsbaum einen gefährlichen Schlauchpilz. Dieser Pilz nistet sich im jungen Holz ein und verstopft die Saftleitungsbahnen. Er brachte ungezählten Ulmen den Tod. Ähnlich wüteten Pilzkrankheiten unter den Edel-Kastanien in Amerika und den Zypressen in Italien.

Seit Ende der siebziger Jahre machte ein Schreckenswort die Runde: das Wort »Waldsterben«. Nicht einzelne Bäume, sondern ganze Wälder litten plötzlich unter einer unerklärlichen Seuche. Zuerst traf es Nadelbäume, später auch Laubbäume. Zum Kummer der Forstleute griff die Waldkrankheit immer weiter um sich. Die Ursachen? Es sind viele miteinander verwobene. Und der Hauptschuldige – war und ist der Mensch!

Mit dem wirtschaftlichen Erfolg und dem Wohlstand der Industrieländer nahm auch die Luftverschmutzung zu, die von Fabriken, Autos, Kraftwerken und Haushalten herrührt. Die Schadstoffe vervielfachten sich in nur wenigen Jahrzehnten. Hohe Schornsteine bei Industriewerken sollten Abhilfe schaffen – doch sie verfrachteten Staub und Schmutz nur weiter weg, meist dorthin, wo die Bergwälder grünten.

Das Schwefeldioxid in der Luft verbindet sich mit Feuchtigkeit zu Schwefelsäure. Im Wasser, das vom Himmel herabregnet, kehrt das Unheil schließlich auf die Erde zurück – mit dem »sauren Regen«. Er ist die wichtigste Ursache für das europaweit zu beobachtende Siechtum der Wälder – so meinen die Experten. Andere Einflüsse kommen noch hinzu.

Um der neuen Waldkrankheit auf die Spur zu kommen, haben Wissenschaftler aus zahlreichen Ländern angestrengt gearbeitet. Ihre Forschungen lieferten erschreckende Ergebnisse.

Gesunder Wald filtert Schadstoffe aus der Luft. Bei zu starker Belastung erkranken die Bäume jedoch und sterben ab.

Der Speierling ist eine der ältesten Obstbaumarten Europas. Die Früchte werden Sorbolen genannt.

1993 wurde der Speierling Baum des Jahres. In Deutschland gibt es nur noch 3500 Bäume dieser Art, manche sind 450 Jahre alt.

Der Regen versauert den Waldboden. Dadurch werden die Feinwurzeln und das lebenswichtige Pilzgeflecht geschädigt, das sie umspinnt. Die Wurzeln können nun nicht mehr wie gewohnt Wasser und Nährstoffe aufnehmen.

In manchen regenreichen Gebirgslagen – wie hier auf dem Fichtelberg – sind die Wälder schon tot.

Der saure Regen löst auch die Wachsschicht der Blätter auf. Er bewirkt, daß die Spaltöffnungen sich nicht mehr schließen können – die Fachleute sprechen von der Spaltöffnungsstarre. So schwinden die Lebenskräfte des Baumes unaufhaltsam dahin, er verliert immer mehr Feuchtigkeit, schließlich ist er verdorrt. Besonders trokkene und warme Jahre beschleunigen seinen Tod.

Wie sehen kranke Bäume aus?

Bäume sterben langsam. Stammscheiben von Tannen zeigten, daß sie schon 1955 erkrankt waren, doch erst 30 Jahre später standen sie tot da. Wer aber einen Blick für Bäume hat, erkennt ihr Leiden schon früh. Fichten und Tannen, deren Nadeln normalerweise 7 bis 10 Jahre am Baum bleiben, werden von innen her langsam kahl. Ein Nadeljahrgang nach dem anderen fällt ab, die Krone wird immer lichter. Kranke Laubbäume verlieren ebenso ihre Blätter, oft reißt auch die Rinde auf.

Wie gefährlich sind Insekten für den Wald?

Forsten, in denen sich gleichaltrige Fichten oder Kiefern dicht an dicht drängen, bieten Insekten Futter und Brutraum in Hülle und Fülle. Gesunde Bäume wehren sich allerdings gegen die ungebetenen Gäste. Sie verschließen die Bohrlöcher von Käfern und Larven mit Harz.
Solchen Bäumen, die jahrelang in verschmutzter Luft und im sauren Regen stehen – auf wackeligen Füßen und schwachem Holz –, fehlt es jedoch irgendwann an Kraft. Sie sind den sechsbeinigen Vielfraßen schutzlos ausgeliefert. Holzzehrende Pilze, wie der Hallimasch, kommen bald hinzu. Und Wind und Schnee knicken Äste und Stämme wie Streichhölzer.
Ein Massenauftreten von Schadinsekten ist nie die Ursache, wohl aber die Folge kranker Wälder.
Zu den gefürchtetsten Schädlingen der Forsten zählen die Borkenkäfer: 1 bis 9 Millimeter große Kerbtiere, deren Larven im Holz oder in der Bastschicht der Rinde ihre krakeligen Fraßgänge hinterlassen. Zunächst befallen sie schwache und tote Bäume, dann aber auch gesunde. Der Große und Kleine Waldgärtner, der Kiefernborkenkäfer und der Ulmensplintkäfer gehören in diese Käferfamilie.

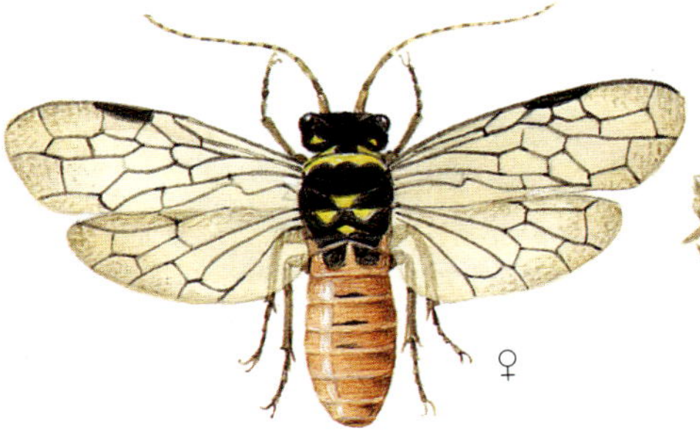

Große Fichten-Kotsackgespinstblattwespe
11 bis 14 mm lang

Fraßbild und Gespinstsäcke der Raupen

Kiefernkulturrüßler
5 bis 7 mm lang

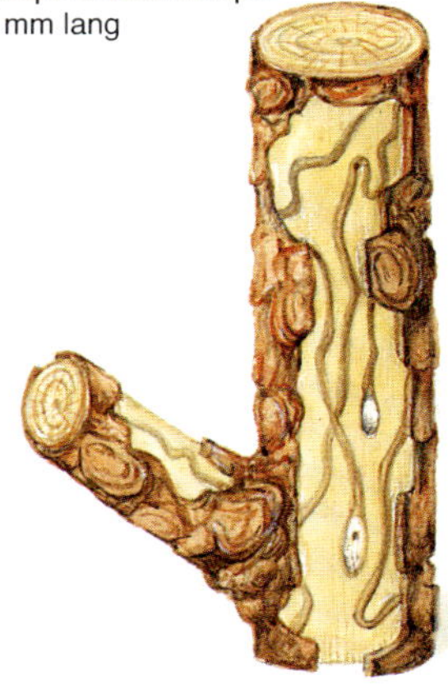
Fraßbild

Fraßbild

Nonne
30 bis 50 mm Spannweite

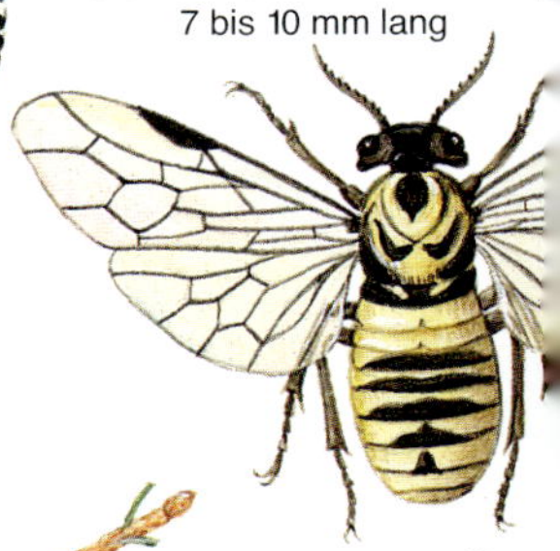

Gemeine Kiefern-Buschhornblattwesp
7 bis 10 mm lang

Fraßbild

Fraßbild

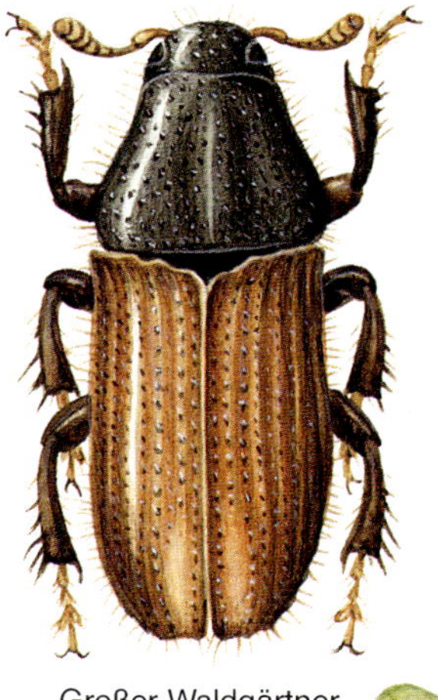
Großer Waldgärtner
3,5 bis 5,2 mm lang

Schwammspinner
35 bis 70 mm Spannweite

Fraßbild

Die Larven des Kiefernkulturrüßlers fressen unter der Rinde junger Kiefern – die Bäume welken und sterben später ab.
Gespinstblattwespenlarven leben in Gruppen in den Baumkronen älterer Fichten. Dort spinnen sie große Fraßsäcke, in denen sich Kot, Nadelreste und Häute ansammeln. Erst wenn der Herbstwind die Gespinste von den Wipfeln bläst, sieht man den angerichteten Schaden.
Raupen der Buschhornblattwespen fressen Kiefern kahl. Das Glück für die Bäume ist – sie verschonen die Knospen.
Der hungrige Nachwuchs der Nonne ist nicht wählerisch: Er fällt über Fichten, Kiefern, Lärchen, Linden, Eichen und andere Bäume her. Die Larven des Schwammspinners bevorzugen Laubgehölze, besonders Eichen. Auf sie hat es auch der Eichenprozessionsspinner abgesehen. Alle drei Falterarten können schwere Waldschäden verursachen.
Noch viele andere Insekten machen den Forstleuten Sorge – auch der Grüne Eichenwickler und der Kiefernknospentriebwickler, zwei kleine Falter. Die Larven des Kiefernknospentriebwicklers höhlen die Spitzentriebe junger Kiefern aus, so daß diese krumm weiterwachsen.
In heißen und trockenen Sommern vermehren sich Insekten mitunter unglaublich schnell und werden zu einer argen Plage.

Grüner Eichenwickler
18 bis 23 mm Spannweite

Fraßbild

Fraßbild

♀

Kiefernknospentriebwickler
18 bis 23 mm Spannweite

Bäumen in der Nähe von Ameisenhügeln bleiben Schäden durch Insekten meist erspart. Die Rote Waldameise macht eifrig Jagd auf deren Larven.

Wie helfen Forstleute kranken Bäumen?

Der Wald muß überleben! Doch wie? Was immer die Forstleute tun können – sie versuchen es.
Mit großen Maschinen blasen sie Kalk zwischen die Bäume, um die Säure zu mildern, die sich im Waldboden angereichert hat.
Sie pflanzen »rauchhärtere« Gehölze an die Stelle von Kiefern und Fichten – zum Beispiel Lärchen, Colorado-Tannen, Ahorne, Rot-Buchen...
Die heute noch überall verbreiteten Monokulturen aus Nadelbäumen wollen sie allmählich durch artenreiche Mischwälder ersetzen. Solche Wälder, die ihrer Natur nach in unsere Landschaften gehören, bieten auch den natürlichen Feinden der Schadinsekten wieder Platz.
Doch Rettung wird es nur geben, wenn das Übel an der Wurzel gepackt und die Verschmutzung der Luft gebremst wird.

Holzfäller „öffnen" den Urwald. Auf den Trassen folgen die Bauern, roden den Wald mit Feuer und legen Äcker an. Doch der Urwaldboden ist nach wenigen Jahren erschöpft. Seine dünne Humusdecke liegt bloß, der prasselnde Regen spült sie fort.

Wer rettet den Regenwald?

Als unser Jahrhundert begann, zog sich der grüne Gürtel des Tropenwaldes noch rings um die Erde. Was mag am Ende des Jahrhunderts von ihm übrig sein? Die Aussichten sind düster. Nur 30 Jahre haben uns Menschen ausgereicht, fast die Hälfte der Regenwälder zu zerstören!

Das gebirgige Inselreich der Philippinen ist schon heute bis auf wenige Reste kahlgeholzt. Die Natur rächt sich unbarmherzig: mit Erdrutschen und Überschwemmungen, Dürre, Not und Armut.

Doch es scheint, als hörte niemand die Warnungen. Die weltweite Urwaldvernichtung geht weiter. Bei dem erreichten Tempo – so ist zu befürchten – werden in etwa 20 Jahren die letzten Dschungelparadiese geopfert, aber Tausende von Tier- und Pflanzenarten ausgerottet und die letzten Völker des Regenwaldes ihrer Heimat beraubt sein. Treffen die Vorhersagen von Forschern zu, wird sich das Klima nicht nur dort verschlechtern, wo die Natur einst den Regenwald wachsen ließ. Die Folgen des Urwaldmordes werden vermutlich überall spürbar sein – auch bei uns.

Doch ist das Schicksal des Regenwaldes wirklich besiegelt? Eine Frage mit vielen Antworten – und mit vielen Schuldigen.

Daß die Länder der Dritten Welt ihren größten Reichtum ausverkaufen, hat auch mit uns zu tun. Nicht nur, weil wir Tropenholz in unseren Geschäften kaufen können. Die Zusammenhänge sind verwikkelter.

Die Penan – Bewohner des Regenwaldes in Sarawak, im Norden Borneos – protestieren gegen das Vordringen der Holzfäller.

Im australischen Queensland wird der Regenwald von Palmen geprägt (links); rechts: afrikanischer Bergregenwald am Kilimandscharo.

Tropenwälder kann niemand neu schaffen. Einmal zerstört, ist ihre wunderbare Lebenswelt für immer verloren.

Unternehmen und Banken der Industriestaaten haben der Dritten Welt großzügig beim Aufbau ihrer Wirtschaft geholfen – mit Krediten. Doch damit begann ein Teufelskreis: Die Kredite führten zu unübersehbaren Schuldenbergen!

Die Schulden der Länder der Dritten Welt wachsen heute immer schneller, denn für ihre exportierten Rohstoffe erhalten sie von den Industrieländern immer weniger Geld. Wie anders sollen sie den wachsenden Schuldenberg abtragen, wenn sie nicht weiter Tropenholz verkaufen und den Wald für Ackerland, Viehfarmen, Bergwerke und Staudämme vernichten?

Die Rettung der Schatzkammer Regenwald setzt voraus, daß die reichen Länder der Erde sich endlich ihrer Verantwortung bewußt werden.

Die Regenwälder sind ein Erbe der gesamten Menschheit. Noch ist Zeit, der Dritten Welt ihre Schulden zu erlassen, einen gerechten Welthandel mit fairen Preisen zu schaffen. Die Aufforderung, kein Tropenholz mehr zu kaufen, ist richtig – doch sie ist nur ein Teil der Wahrheit.

Viele Umweltverbände bemühen sich seit Jahrzehnten um die Erhaltung des Regenwaldes. So anerkennenswert dies ist, sie allein werden die drohende Katastrophe nicht abwenden können.

Naturvölker zeigen uns, wie man vom Tropenwald lebt, ohne ihn zu zerstören. Doch wer achtet ihr Wissen, ihre Kultur, ihre Landrechte? Wo Motorsägen kreischen, ist die Entscheidung gefallen.

Weltenbaum und Märchenwald

Die Menschen in früheren Jahrhunderten lebten noch eng mit der Natur und ihren Geschöpfen verbunden. Alte Bäume regten ihre Phantasie besonders an – das geheimnisvolle Rauschen der Blätter, die knorrige Würde des Stammes, die im Verborgenen ruhenden Wurzeln.

Was bedeuteten Bäume unseren Vorfahren?

Der Wald und die Bäume sind in die Kulturen aller Völker eingegangen. Wir finden sie in den Religionen, Gebräuchen, Märchen und Mythen.
In den Göttersagen der Germanen hielten die weitreichenden Wurzeln der Weltenesche *Yggdrasil* Himmel, Erde und die Unterwelt zusammen.
In manchen Bäumen, so wähnten unsere Vorfahren, wohnten Götter. So verehrten die Germanen die Eiche als Baum des Gewittergottes Donar.
Auch in der Antike erfuhren Bäume ganz besondere Wertschätzung: Die alten Römer kränzten ihre Feldherren und Dichter mit glänzendem Lorbeerlaub. Die Griechen pflanzten heilige Haine von Ölbäumen. Und den Siegern der olympischen Wettkämpfe wanden sie Kränze aus den Blättern des Ölbaumes. Olivenzweige galten auch als Zeichen des Friedens. In der Vorstellung der Christen grünt mitten im Paradies der Baum des Lebens. Dort wächst auch der Baum der Erkenntnis – als Apfelbaum, manchmal auch als Feige dargestellt.

Unter Birken tanzten die Leute in den Mai. Unter Linden saßen sie zu Gericht, und unter Eichen oder Kastanien (siehe Seite 46) versammelten sie sich zum Fest. Eiben und Ulmen galten im Altertum als Bäume des Todes und der Trauer.

Im Buddhismus wird die Würgefeige Banyan als heiliger Baum verehrt. Buddha soll im Schatten einer Würgefeige erleuchtet worden sein.

Gibt es berühmte Bäume?

Bäume werden viel älter als Menschen. Manch ehrwürdiger Riese könnte uns vieles erzählen – von friedlichen Zeiten, von Kriegen, Seuchen und Hungersnöten. Viele Bäume sind berühmt, denn bedeutende Persönlichkeiten haben sie gepflanzt, besungen oder in ihrem Schatten ausgeruht. Andere sind darunter begraben.

Im Dreißigjährigen Krieg fiel in Brielow bei Brandenburg ein schwedischer Offizier. Man beerdigte ihn unter einer Linde, noch heute heißt sie Schwedenlinde.

Unter der 250jährigen Napoleoneiche am Hoxberg bei Saarbrücken sollen 1813 die Truppen Napoleons gelagert haben.

Und unter einer Eiche bei Ratekau gab sich Generalfeldmarschall Blücher geschlagen. Johann Wolfgang von Goethe aber rühmte in einem seiner Gedichte einen Ginkgo; der Baum steht in Frankfurt am Main.

Die „Abtslinde“ in Reinhardsbrunn ist rund 450 Jahre alt und 28 Meter hoch.

Der Ort Ivenack ist seiner alten Eichen wegen berühmt, dieser Baum ist etwa 800 Jahre alt.

Wo wächst der Märchenwald?

Der Wald unserer Vorfahren war ein finsterer Ort, an dem noch Bären, Wölfe und Luchse hausten. Viele Fabelwesen leisteten ihnen Gesellschaft: Einhörner und Drachen, Dämonen und Hexen, Elfen und Zwerge. Von ihrem heimlichen Treiben erzählen die Märchen.

Rotkäppchen vertraute dem bösen Wolf und büßte es beinahe mit dem Leben. Hänsel und Gretel gerieten tief im Wald an eine arglistige Hexe. Und auch Schneewittchen und die sieben Zwerge nannten den finsteren Wald ihr Zuhause – den Wald hinter den sieben Bergen, wohin sich sonst keine Menschenseele verirrte.

Die moderne Zeit hat den Wald seiner Geheimnisse beraubt, seiner wilden Tiere ebenso wie seiner Elfen und verwunschenen Schlösser. Aus Märchendickicht wurden Holzplantagen, in denen Motorsägen kreischen und Traktoren rattern. Niemand muß sich vor solch einem Wald noch fürchten. Es sei denn, er erschrickt vor der stummen Qual der kranken Tannen und Fichten. Wohl nur, wenn wir Bäumen und Wäldern wieder mehr Ehrfurcht entgegenbringen, werden sie und mit ihnen Reh und Dachs, Specht und Fink, Hirschkäfer und Waldameise überleben.